Heinz Zimmermann
Robert Thomas

Die Rudolf Steiner Schulen in der Schweiz

Eine Dokumentation

Herausgegeben von der Arbeitsgemeinschaft der Rudolf Steiner Schulen in der Schweiz und Liechtenstein

DAS GANZE MENSCHLICHE LEBEN ENTHÄLT DIE ANLAGEN SEINER ZUKUNFT IN SICH.

UM ABER ÜBER DIESE ZUKUNFT ETWAS SAGEN ZU KÖNNEN, MUSS MAN IN DIE VERBORGENE NATUR DES MENSCHEN EINDRINGEN.

Rudolf Steiner 1907

ISBN-Nr.	978-3-9523331-0-5
1. Auflage	1000 Ex., September 2007
Copyright	Arbeitsgemeinschaft der Rudolf Steiner Schulen in der Schweiz und Liechtenstein
Bild Umschlag	Rudolf Steiner mit der Tochter der Familie Reitan vor deren Haus in Oslo 1909 © Rudolf Steiner Archiv, Dornach
in Vorbereitung	französische und italienische Ausgabe (Frühling 2008)

Inhalt

GELEIT
Christof Wiechert «Bergbach wird Feuer!» ... 7
Rosmarie Blaser «Ein eigenes Königreich» ... 9

DAS WERDEN DER SCHULBEWEGUNG
Die ersten Schulgründungen ... 11
– Friedwartschule ... 12
– Basel ... 13
– Zürich ... 17
– Bern ... 20
Weitere Entwicklung nach dem 2. Weltkrieg ... 22
Das Ringen um die Sozialgestalt ... 23
Bildung einer Arbeitsgemeinschaft ... 27
Zusammenarbeit der Rudolf Steiner Schulen ... 29
Lehrerbildung in der Schweiz ... 33
Organe der Schulbewegung ... 38
Schlussbetrachtungen mit Ausblick auf die Welt-Schulbewegung ... 40
Schulgründungen chronologisch ... 44

SCHULPORTRAITS

AG
Aargau ... 46
Lenzburg ... 47

BE
Bern/Ittigen ... 48
Kleinklassenschule ... 50
Berner Oberland ... 51
Biel ... 53
Oberaargau ... 54
Oberemmental ... 55
Schlössli Ins ... 56

BL
Birseck ... 57
Freie Oberstufe BL ... 58
Mayenfels ... 59
Münchenstein ... 61

BS
Basel ... 62
Christophorus ... 64
Schule und Beruf ... 65

FL
Liechtenstein ... 66

GE
Genf ... 67

GR
Avrona ... 68
Engiadina Bassa ... 69

LU
Luzern ... 70

SG
St. Gallen ... 71
Wil ... 72

SH
Schaffhausen ... 73

SO
ROJ ... 75
Solothurn ... 76

TG
Kreuzlingen ... 77

TI
Locarno ... 78
Lugano ... 79

VD Lausanne ... 81
Yverdon ... 82

ZG
Zug ... 83

ZH
Sihlau ... 84
Winterthur ... 85
Zürcher Oberland ... 86
Atelierschule ... 87
Zürich ... 88

ehemalige Schulen
Montolieu ... 91
Chur ... 91
Marbach ... 91
Steckborn ... 92
Neuchâtel ... 93
Zürich-Albisrieden ... 93

DOKUMENTE
Kernleitbild für die Rudolf Steiner Schulen in der Schweiz ... 96
Leitbild der Elementarstufe Rudolf-Steiner-Pädagogik ... 97
Statuten der Arbeitsgemeinschaft der Rudolf Steiner Schulen in der Schweiz und Liechtenstein ... 99
Kommission für Kleinkind- und Vorschulerziehung (KKV) ... 102
Interkantonale Bildungspolitische Kommission (IBK) ... 103
Meldestelle für besondere Konfliktfälle (MBK) ... 104
Vermittlungsstelle ... 104
Pressestelle (PrAg) ... 104
Arbeitsgruppe Finanzberatung (AGFB) ... 105
Schulkreis ... 105
Basler Manifest ... 106

Schulbewilligung Basel-Stadt ... 107
prov. Schulbewilligung Zürich ... 108
Schulbewilligung Zürich ... 109
Schulbewilligung Bern ... 110

Die Rudolf Steiner Schulen in der Schweiz – Eine Dokumentation

	Kongress über Pädagogik 1991	111
	Gesamtkonferenz 1998	112
	Tagung 2001	115
	Gesamtschweizeriche LehrerInnen-Weiterbildungstage 2006	116
	Befragung Ehemaliger an Rudolf SteinerSchulen in der Schweiz	117
STATISTIK	Entwicklung Schüler- und Elternzahlen	132
	Entwicklung Aufwand und Ertrag	132
	Entwicklung Anzahl Klassen	133
	Entwicklung Anzahl Schüler	133
	Entwicklung der Rudolf Steiner Schulen von 1991-2006	
ANHANG	Bibliographie	142
	Autoren	144
	Namensregister	145

DANK

Sowohl was das Bildmaterial, als auch die biografischen Angaben anbelangt sind die Verfasser der Forschungsstelle «Kulturimpuls» (Bodo von Plato, Robin Schmidt) zum Dank verpflichtet. Die Dokumentation ist nur durch das aktive Mitwirken der einzelnen Schulen möglich geworden. Elisabeth Theurillat, Renato Cervini, Otfried Dörfler, Felix Schaub und Werner Spalinger haben dankenswerterweise das Manuskript durchgelesen und dadurch manche fruchtbaren Ergänzungen ermöglicht.

Heinz Zimmermann, Robert Thomas

ZIELSETZUNG

Mit dieser Schrift ist erstmals der Versuch gewagt, eine Gesamtdarstellung der anthroposophischen Pädagogik in der Schweiz vorzulegen. Die über 80jährige Geschichte dieser Pädagogik zeigt die Fruchtbarkeit eines sozialpädagogischen Impulses, den Rudolf Steiner aus der anthroposophischen Geisteswissenschaft heraus inauguriert hat.

Während es für die einzelnen Schulen gute Dokumentationen in Form von Mitteilungsblättern oder Jubiläumsschriften gibt, fehlt – abgesehen von einem einzigen gemeinsamen Versuch 1969 anlässlich des 50jährigen Jubiläums der Waldorfpädagogik – eine Darstellung mit dem Blick auf die Gesamtbewegung der anthroposophischen Pädagogik in der Schweiz.

Das Bewusstsein der eigenen Vergangenheit gehört zu den Voraussetzungen einer wirklichkeitsgemässen Identitätsbildung und vermittelt ausserdem die Empfindung, dass die eigene Schulgemeinschaft Teil eines grösseren Ganzen ist, sowohl räumlich (Schweiz, Welt-Schulbewegung), als auch zeitlich (historische Bedingungen). Darüber hinaus werden die spezifischen Lebensbedingungen dieses pädagogischen Konzeptes in der Schweiz sichtbar. Ein solcher Impuls ist von initiativen Menschen abhängig, die ihre ganze Arbeitskraft diesem Ziel widmen. So legten die Verfasser grossen Wert darauf, dass diese Persönlichkeiten in Wort und Bild zur Erscheinung kommen können. Dabei beschränken sich die Kurzbiografien auf schon Verstorbene, von deren Früchten die noch Lebenden zehren können.

Diese Schrift hat zwei Hauptteile und einen Anhang. Im ersten Teil wird das Werden dieser Schulbewegung von den Anfängen bis zur Gegenwart beschrieben. Der zweite Teil ist der Dokumentation der einzelnen Schulen mit ihren Porträts, den einzelnen Schulbewilligungen und Statistiken gewidmet. Während für den ersten Teil die beiden Verfasser die Verantwortung tragen, sind für die Schulporträts die einzelnen Schulen verantwortlich.

Eine solche Schrift kann für die heute aktiv Mitarbeitenden ein Bewusstsein von den Wurzeln und Entstehungsmotiven ihrer Schule vermitteln. Eltern können erfahren, in welchem grösseren Kontext der Schulorganismus steht, in dem ihre Kinder unterrichtet werden und diese Schrift kann zudem als Orientierung zukünftiger Eltern dienen, die sich überlegen, ihr Kind an eine Rudolf Steiner Schule zu schikken.

Schliesslich ist es eine Dokumentation für die breite Öffentlichkeit, auch die Schulbehörden. Neben der erwähnten Festschrift, den Schul-Mitteilungen und verschiedenen Jubiläumsschriften stützen sich die Verfasser vor allem auch auf eigene Erlebnisse, da sie beide über ihre Tätigkeiten an einer bestimmten Schule hinaus über Jahrzehnte verantwortlich in der Schweizerischen und auch internationalen anthroposophischen Schulbewegung tätig waren und noch sind.

Heinz Zimmermann, Robert Thomas

Zum Geleit

BERGBACH WIRD FEUER!

Wer als Neuschweizer Land und Leute dieses Alpenlandes kennen und lieben lernt, macht viele besondere Erfahrungen. Man lebt sich ein in ein Land, das von Bergen, Tälern und wild fliessenden Bächen und Flüssen geprägt ist. Alles ist stark geformt, scharfe Konturen prägen den Horizont. Sogar der weiche Kalk des Jura hat schroffe Formen.

Nun ist der Neuschweizer hier wegen der Erziehungskunst Rudolf Steiners und das Erste was ihm auffällt an der Rudolf Steiner Schulbewegung dieses Landes ist: alles fliesst, panta rhei!

Nur kurz verführt ihn der Gedanke alles sei unorganisiert. Schnell bemerkt er, dem ist nicht so.

Das Fliessende gehorcht den Gesetzen eines Organisch-Lebendigen. So wie Steine in einem schnell fliessenden Bach liegen, so liegen da die prägenden Persönlichkeiten einer Basler-, Zürcher-, Berner Schulgründung. Alles ganz eigen. Wie die Kantone, die Täler und der Föderalismus eigen sind. Und doch sind sie alle umspült vom strömenden Fluss, vom verbindenden Wasser der gemeinsamen Idee, der gemeinsamen Ideale. Und es ist so: der reissende Bach wird ja geprägt vom Wasser und den Steinen, die sich darin befinden.

Diese «Entdeckung» ist für den Betrachter von besonderer Bedeutung, denn seit Jahren schon beschäftigt ihn der Gegensatz zwischen der (notwendigen) Form und dem Fliessenden, dem Impulsierenden, was sich erst eine Form gibt. Denn nur in diesem Verhältnis, dass der Geist sich die Form, die er braucht, schafft, liegt die Garantie für das Lebendige. Und eine Schulbewegung, wie die der Schweizerischen Rudolf Steiner Schulen, braucht das Element des Lebendig-Bewegten.

Wer durch den Text dieser Dokumentation geht, kann leicht schwindlig werden von der Geschwindigkeit, vom schnellen Vorbeiströmen zahlloser bedeutender Individualitäten, die aus einer unverbrüchlichen Treue und Kraft an dem Ideal der neuen menschengemässen Erziehungskunst gewirkt haben, ihre Lebenskraft an ihr versprühten. Und man wird gewahr wie zum Schluss doch alles zu einem Organismus zusammenfliesst. Und das befreiende Erlebnis stellt sich ein; es ist nicht nur historisch, diese Bewegung dieses bewegend Schaffende geht bis heute!

In dieser Hinsicht ist so ein beispielhaftes Verhältnis entstanden von geistiger Impulsierung und Verwirklichung. Idealismus und Realismus unter erschwerten Bedingungen (durch die finanzielle Bedrängnis), kommen so zusammen. Es ist im grossen Massstab was das Kind im Kleinen vollbringen muss: das eigene Individuelle zur entsprechenden Leibbildung führen, wozu ja die Schuljahre eine wesentliche Hilfe geben wollen und sollen.

Dieser Dokumentation wohnt eine Kraft inne.

Wenn man in einem Moment der Schwäche, umgeben von allen täglichen Sorgen und Nöten die Weite des geistigen Horizontes mal aus den Augen verliert, geben schon zehn Seiten dieser Arbeit Auftriebskraft. Das Strömende des sprudelnden Wassers um die Steine im Bergbach wird Feuer.

Mögen viele sich daran impulsieren und erleben, dass sie an einem wahrhaftigen Strom der Zeit teilnehmen.

Christof Wiechert
Leiter der Pädagogischen Sektion der Freien Hochschule für Geisteswissenschaft am Goetheanum, Dornach

Zum Geleit

EIN EIGENES KÖNIGREICH MIT VIEL GEMEINSAMEM

Wenn man die umfangreiche Dokumentation zum ersten Mal in den Händen hält, ist man überwältigt ob der Fülle des Lesestoffes: Die achtzigjährige Geschichte der Schweizer Rudolf Steiner Schulen. Wie viele Menschen mag es geben, die jede einzelne Schule und deren Geschichte bis anhin kannten?

Als ich im Jahre 1988 aus Sao Paulo, Brasilien, wo ich die Waldorf-Schule überhaupt erst kennen gelernt hatte, in die Schweiz zurück kam, war ich anfänglich etwas enttäuscht. Meine Erwartungen, nun ganz nah am Ursprung und dadurch an der Quelle zu sein, entpuppten sich als Illusion.

Dort Brasilien, ein armes Land, aber reich an Farben, Lebensfreude, Musik, überschäumende Fantasie und Kreativität, Begeisterung - hier die Schweiz, ein reiches Land, sanfte Farben, ruhige, meist ernste Leute, aber wie mir schien, eher arm an gelebter Freude. Ein einziges Gemeinsames : die finanziellen Nöte und Schwierigkeiten.

Durch meine Arbeit in der Arbeitsgemeinschaft durfte ich etwas näher am Puls der Schulbewegung sein. Durch die wertvollen und befruchtenden Begegnungen mit all den Persönlichkeiten und durch die Besuche anlässlich der Zusammenkünfte in den verschiedenen Schulen entdeckte ich nach und nach den verborgenen Reichtum von dem diese Dokumentation Zeugnis ablegt. Es gibt sie zwar nicht, *die* Schweizer Rudolf Steiner Schule. So wie unsere Politik geprägt ist vom «Kantönligeist» mit seinen guten und weniger guten Seiten, so ist jede einzelne Schule ein eigenes kleines Königreich mit viel Gemeinsamem, Verbindendem, aber auch mit eigenen Anschauungen, Traditionen und Gesetzen. Das macht es einer Gemeinschaft nicht einfach, Verbindliches festzulegen. Arbeitsgemeinschaft, ein schöner Ausdruck: eine Gemeinschaft, die arbeitet, zusammen arbeitet für ein gemeinsames Ziel, aus dem demselben geistigen Impuls heraus. Eine Gemeinschaft von Idealisten, die ein Ideal verbindet, die ein Ideal beflügelt.

Der Zusammenhalt und der Austausch unter den Schulen ist gewachsen, vieles ist in den vergangenen Jahren möglich geworden. Neues ist gerade aus der regionalen Vielfalt heraus entstanden. Doch von Ausruhen kann keine Rede sein. Dringende Fragen müssen nicht nur gestellt sondern auch beantwortet werden. Jeder soll weiter sein «Gärtchen» pflegen und hegen dürfen, aber gemeinsam sollten wir dafür einstehen, dass alle Gärten wieder zum Blühen kommen. Die «Welt» so scheint es, hat nicht auf uns gewartet, wir müssen hinaus in die Öffentlichkeit, um den Platz zu erobern, der uns zusteht. Noch längst sind nicht alle Impulsen, die uns Rudolf Steiner mit auf den Weg gegeben hat, umgesetzt.

Möge es weiterhin Menschen geben, die trotz aller Schwierigkeiten weiter kämpfen, weitere achtzig Jahre und mehr !

Rosmarie Blaser

Präsidentin des Vorstandes der Arbeitsgemeinschaft der Rudolf Steiner Schulen in der Schweiz und Liechtenstein

«DER BODEN WIRD BEREITET»

Seit dem Beginn des 20. Jahrhunderts hielt Rudolf Steiner (1861-1925) in der Schweiz regelmässig Vorträge, sowohl im öffentlichen Rahmen als auch innerhalb der anthroposophischen Gesellschaft. Rege anthroposophische Arbeitszusammenhänge bestanden besonders in Basel, Zürich und Bern, aber auch in St. Gallen, Neuenburg und Lugano, bis 1912 noch im Rahmen der Theosophischen Gesellschaft. Durch den Bau des Goetheanum, dessen Grundsteinlegung am 20. September 1913 stattgefunden hatte, bildete Dornach bei Basel in der Schweiz immer mehr das Zentrum der Anthroposophischen Bewegung.

Bis September 1924 hielt Rudolf Steiner am Goetheanum unzählige Vorträge und Kurse zu den verschiedensten Lebensgebieten. Viele Künstler, Maler Bildhauer, Architekten, Schauspieler und Eurythmisten liessen sich durch die Anthroposophie anregen und machten das Goetheanum so zu einem künstlerischen Zentrum mit regelmässigen Aufführungen und anderen Veranstaltungen. Durch die Initiative der Basler, Berner, Dornacher, Neuenburger, Züricher und St. Galler Zweige wurde die «Anthroposophische Gesellschaft in der Schweiz» gegründet. Dessen Verwaltung übernahm Roman Boos, und – nach dessen Erkrankung – Albert Steffen. Beide waren zentral mit der Gründung der ersten Rudolf Steiner Schule in der Schweiz in Basel verbunden. Schon 1907 hielt Rudolf Steiner in verschiedenen Städten Vorträge mit dem Titel «Die Erziehung des Kindes vom Gesichtspunkt der Geisteswissenschaft», die er schriftlich in der von ihm herausgegebenen Zeitschrift «Luzifer-Gnosis» im selben Jahre erscheinen liess. Aber erst die Frage des Industriellen Emil Molt an Rudolf Steiner, ob er für seine Arbeiterkinder der Waldorf Astoria-Zigarettenfabrik nicht eine Schule einrichten könne nach den Gesichtspunkten der Anthroposophie, führte im September 1919 mit der Begründung der Waldorfschule in Stuttgart zu einer praktischen Umsetzung.

Man muss diese Schulgründung, der kurze Zeit später weitere folgten, ganz in dem Kontext der sozialen Frage sehen, die damals von Rudolf Steiner und seinen Mitarbeiterinnen und Mitarbeitern mit einer starken öffentlichen Wirksamkeit unter dem Namen «Dreigliederung des Sozialen Organismus» eine gesellschaftliche Wandlung anstrebte. Diese hatte zum Ziel, die moderne Gemeinschaft in solcher Weise zu strukturieren, dass die Gebiete des demokratischen Rechtslebens, des Wirtschaftslebens und schliesslich das Gebiet, das Bildung, Kultur, Wissenschaft und Forschung und religiöses Leben umfasst, nicht in einem Einheitsstaat zusammengefasst, sondern durch selbständige Verwaltungen gegliedert sein sollten. In diesem Sinne war die Waldorfschule von der strukturellen Form her ein Organismus, der sich innerhalb eines freien Geisteslebens selbst verwalten sollte, und zwar durch die unmittelbar mit dem Erziehungsprozess verbundenen Menschen. So trug ein interner Vortragszyklus am Goetheanum kurz vor der Begründung der Waldorfschule in Stuttgart den Titel «Erziehungsfrage als soziale Frage». Auch in Zürich und Bern hielt Rudolf Steiner in dieser Zeit Vorträge zur sozialen Frage. Für die Klimabildung der ersten Schulgründungen in der Schweiz muss schliesslich noch auf die Tatsache hingewiesen werden, dass an Weihnachten 1923/24 (das erste Goetheanum wurde in der Sylvesternacht 1922/23 ein Raub der Flammen) die Gründungsversammlung der Allgemeinen Anthroposophischen Gesellschaft in Dornach durchgeführt und von Rudolf Steiner geleitet wurde. Damit wurde Dornach mit dem Goetheanum zum Sitz einer weltweiten Anthroposophischen Gesellschaft, mit einem von Rudolf Steiner berufenen und durch die Anwesenden bestätigten Vorstand, dessen Vorsitz Rudolf Steiner selber übernahm.

FRIEDWART-SCHULE

Die erste Schulgründung in der Schweiz war eine Besonderheit. Die Fortbildungsschule am Goetheanum entstand auf Initiative von Goetheanum-Mitarbeitern; sie wurde am 1. Februar 1921 mit sieben SchülerInnen und drei LehrerInnen – *Ernst Blümel*, *Marie Groddeck* und *Hilde Boos-Hamburger* – eröffnet und stand unter der Leitung von Rudolf Steiner, der oft hospitierte und zu Rate stand. Im Zusammenhang mit den Malstunden sind die so genannten «Sieben Schulskizzen» (Naturstimmungen) der Friedwartschule entstanden wie auch eine Reihe von Anregungen für den Handarbeitsunterricht. Die Schule war konzipiert als reguläre Schule, aber die kantonale Gesetzgebung verhinderte das Projekt für jüngere SchülerInnen; die Erlaubnis beschränkte die Aufnahmen auf das Alter ab dem 14. Lebensjahr. 1928 erhielt die Schule ein eigenes Gebäude, das Haus «Friedwart» und wurde zum Internat für Jugendliche (es gab auch über 25 Jahre alte Schüler). Sie bestand nach Rudolf Steiners Tod noch bis 1956 unter der Leitung von Marie Groddeck. Ehemalige SchülerInnen dieser kleinen Institution berichteten sehr positiv über die künstlerischen und praktischen Seiten der «Friedwart-Schule». Der Begriff Jugend-Anthroposophie wie aus den «Konferenzen» mit Rudolf Steiner in Stuttgart zu entnehmen ist, ist eng mit der Fortbildungsschule verbunden, leider ist darüber zu wenig bekannt.

v.l.n.r.:
Hilde Boos-Hamburger,
Ernst Blümel,
Marie Groddeck

Die Gründungen der ersten Rudolf Steiner Schulen in der Schweiz **BASEL**

Am 27. November 1919, also kurze Zeit nach der Eröffnung der Freien Waldorfschule in Stuttgart, wurde Rudolf Steiner von dem damaligen Basler Erziehungsdirektor *Dr. Fritz Hauser* eingeladen, für die Basler Lehrerschaft einen öffentlichen Vortrag über «Geisteswissenschaft und Pädagogik» zu halten. Vermittelt wurde diese Einladung durch *Roman Boos*. Das grosse Interesse führte bei 70 Zuhörern zu dem Wunsch nach einem ausgedehnteren, einführenden Kurs. Daraus entstand der öffentliche pädagogische Kurs für Lehrerinnen und Lehrer Basels und der Umgebung (20. März–11. Mai 1920) mit 14 Vorträgen und Fragenbeantwortung. An diesen Kurs schlossen sich noch zwei weitere pädagogische Vortragszyklen für LehrerInnen an: Weihnachten 1921/22, er umfasste 16 Vorträge («Die gesunde Entwicklung des Menschenwesens»), und Ostern 1923, 8 Vorträge mit dem Titel «Die pädagogische Praxis vom Gesichtspunkte geisteswissenschaftlicher Menschenerkenntnis». Schliesslich veranlasste die spätere Gründungslehrerin der Basler Schule, *Emma Ramser*, an Ostern 1924 einen weiteren öffentlichen Vortragszyklus in Bern mit dem Titel «Anthroposophische Pädagogik und ihre Voraussetzungen». *Friedrich Widmer*, Zeichnungslehrer aus Zofingen, nahm an all diesen Kursen teil und organisierte selber Vorträge Rudolf Steiners in Aarau und Olten. Schon am 7. Januar 1920 erhielt er einen Brief von Roman Boos mit der Idee, in der Schweiz eine Waldorfschule zu gründen. Diese Idee fiel auf fruchtbaren Boden. Nachdem *Willy Storrer*, der Sekretär von Roman Boos, Friedrich Widmer brieflich mitteilte, Rudolf Steiner sei einverstanden mit einer Schulgründung in Basel, fanden erste Beratungen einer Gruppe von Eltern und Lehrern über eine Schulgründung statt. Friedrich Widmer gründete den «Schulverein für Erziehung und Unterrichtswesen auf Grund echter Menschenerkenntnis».

Rudolf Steiner selbst übernahm den Vorsitz des Vereins, dem ausserdem *Albert Steffen, Ernst Blümel, Willy Storrer, Arnold Ith, Willi Stokar* und *Rudolf Geering* als Initiativträger angehörten. Am 28. April 1924 begaben sich schliesslich im Namen des Schulvereins Rudolf Steiner und Albert Steffen auf das Erziehungsdepartement Basel-Stadt, um mit Regierungsrat Fritz Hauser die Bedingungen für eine Schulbewilligung zu verhandeln. Dank dem wohlwollenden Entgegenkommen und Verständnis des Erziehungsdirektors war der zukünftigen Schule eine ausgezeichnete Ausgangslage geschaffen. Bis zum heutigen Tag hat sich dieses grosse Verständnis von Behördenseite erhalten, was insbesondere Lehrplan und auch Lehrerwahl in der Eigenverantwortlichkeit der Schule ermöglichte. Durch Rudolf Steiners Tod am 30. März 1925 wurden die intensiven Bemühungen von Friedrich Widmer und Emma Ramser um eine Schulgründung zeitweilig unterbrochen. Dank einer grossen unerwarteten Spende wurden aber die Schulgründer ermutigt, doch im April 1926 an der Lindenhofstrasse 9 in Basel mit drei Klassen die Schule zu beginnen. Es gehört zum Schicksal dieser Schule, zusammen mit der ein Jahr später gegründeten Züricher Schule die Kontinuität der Waldorfschulbewegung während der Zeit des Nationalsozialismus und des Zweiten Weltkriegs im deutschen Sprachraum zu gewährleisten. Die drei Klassen mit insgesamt 30 Kindern wurden durch Emma Ramser, Friedrich und Marie Widmer geführt.

Roman Boos

Albert Steffen

Emma Ramser, geboren 1885 auf einem bernischen Bauernhof, absolvierte das kantonale Lehrerinnenseminar in Bern, zusammen mit ihrer nachmaligen Kollegin Clara Bosshardt. Nach mehreren Auslandsaufenthalten begegnete sie Rudolf Steiner und schloss sich sogleich der schon geplanten Schulgründung in Basel an. Im Grossratssaal in Bern eröffnete sie den Vortragszyklus Rudolf Steiners «Anthroposophische Pädagogik und ihre Voraussetzungen» (Ostern 1924), an dem auch Friedrich Eymann, der nachmalige Gründer der Berner Schule teilnahm. Während der ersten sieben Jahre betreute sie neben dem Unterricht in der Klasse und in den Fremdsprachen auch den Finanzhaushalt, eine Aufgabe, die sie, als sie altershalber vom Unterricht zurücktrat, bis zu ihrem Tode wahrnahm (1964).

Emma Ramser

Der zweite Gründungslehrer, *Friedrich Widmer*, wurde am 1. Mai 1889 in Gränichen bei Aarau geboren. Mit 15 Jahren kam er nach Aarau in eine Zeichnerlehre. Er setzte seine Ausbildung an der Kunstgewerbeschule in Basel und schliesslich an der Kunstakademie in München fort. Zweifel an seiner Berufung und Gewissensnöte gegenüber der Mutter, welche für ihn so grosse Opfer brachte, bewogen ihn, wieder heimzukehren. Als er in den Jahren des 1. Weltkrieges für Lehrer einsprang, die zum Grenzdienst einberufen waren, entdeckte er seine Berufung zum Pädagogen. 1918 wurde er Zeichnungslehrer an der Bezirksschule Zofingen. Hier fand er seine Lebensgefährtin Marie Herzog, die ihm später in Basel am Aufbau der Schule tatkräftig zur Seite stand. Auf einer Fusswanderung nach Dornach lernte er Rudolf Steiner persönlich kennen, nachdem ihn sein Künstlerfreund Karl Ballmer mit der Anthroposophie bekanntgemacht hatte. Fortan galt seine ganze Aktivität der Schulgründung in Basel. Bis zu seinem Tode 1966 wirkte Friedrich Widmer prägend und mitgestaltend an der Schule. Als Krönung seiner Lebensarbeit legte er am 8. November 1964 den Grundstein zum Neubau am Jakobsberg.

Friedrich Widmer

Durch die Nähe zu Dornach wirkten eine Reihe von Lehrerpersönlichkeiten mit, die mit Rudolf Steiner und dem Goetheanum eng verbunden waren. Es seien stellvertretend Gerda Langen (1903-1973), Rudolf Grosse (1905 – 1994) und Hans Erhard Lauer (1899-1979) genannt. Alle drei wurden noch durch Rudolf Steiner persönlich begleitet.

Gerda Langen wuchs im thüringischen Eisenach auf und begegnete Rudolf Steiner schon im Alter von 5 Jahren. Zunächst arbeitete sie als Heilpädagogin am Sonnenhof in Arlesheim. 1931 führte sie auf dem Baugelände des Goetheanum einen Kindergarten und begann gleichzeitig mit Fachstunden an der Basler Schule. Zwei Jahre später führte sie viermal eine Klasse vom 1. bis zum 8. Schuljahr. Neben ihrem grossen pädagogischen Talent bezauberte sie die Kinder vor allen Dingen durch ihre grosse Gabe des Erzählens, die sich auch in vielen Kinderbüchern niederschlug, die sie mit ihrer Schwester, der Malerin Hilde Langen gestaltete und die in vielen Kinderstuben Einzug gehalten haben.

Gerda Langen

BASEL

Rudolf Grosse hörte Rudolf Steiner zum ersten Mal in Zürich als 16 jähriger Jüngling. Ein Jahr später meldete er sich selbständig vom Gymnasium ab und trat in die 10. Klasse der Waldorfschule in Stuttgart ein. Rudolf Steiner selber vermittelte ihm unmittelbar nach der Schulzeit die Erziehung eines 12 jährigen Jungen in Arlesheim: Richard Grob, woraus sich eine lebenslange Freundschaft entwickelte. Richard Grob seinerseits prägte später die anthroposophische Bewegung in der Schweiz, namentlich in Bern, nachhaltig und amtete viele Jahre als Generalsekretär der Anthroposophischen Gesellschaft in der Schweiz. Seit 1926 war Grosse Lehrer an der Basler Schule, hauptsächlich als Klassenlehrer. Alle Schüler kannten ihn, weil er immer derjenige war, der sich mit Dingen, die die ganze Schülerschaft betrafen, an die im grossen Saal versammelte Schule mit seiner unverwechselbaren klaren Diktion wandte. Neben dem Unterricht wirkte er in den 50er Jahren am Pädagogischen Seminar in Dornach mit und hielt viele Vorträge, besonders in der Schweiz und in den skandinavischen Ländern. 1956 wurde er in den Vorstand am Goetheanum berufen und leitete zuerst die Sektion für das Geistestreben der Jugend und später die Pädagogische Sektion.

Rudolf Grosse

Hans Erhard Lauer, aus einer deutschen Familie stammend, besuchte das Humanistische Gymnasium in Basel und hörte als 17 jähriger einen öffentlichen Vortrag Rudolf Steiners. Sogleich begann er mit dem Studium der Anthroposophie, der er sein künftiges Leben widmete. Nach seinem Studium in Deutschland half er den öffentlichen anthroposophischen West-Ost-Kongress in Wien 1922 vorzubereiten, und blieb in der Folge als Redaktor, Schriftsteller und Vortragender in Wien und prägte von da aus das anthroposophische Gesellschaftsleben stark mit. Infolge der Besetzung Österreichs durch die Nationalsozialisten führte ihn sein Weg wieder in die Schweiz zurück. Von 1939 – 1952 wirkte er an der Basler Schule hauptsächlich als Oberstufenlehrer für Deutsch und Geschichte und leitete ausserdem den sehr beliebten Oberstufenchor. Bis 1964 unterrichtete er die gleichen Fächer an der Zürcher Schule. Daneben hielt er viele Vorträge und schrieb eine grosse Zahl bedeutender Schriften zur Geschichte, Kulturgeschichte und Literatur und sozialer Fragen. Die letzten Jahre bis zu seinem Tod unterrichtete er auch am Dornacher Lehrerseminar. Prägend waren ausserdem u.a. Rose Ringel, Clara Bosshard, Elisabeth Häusler-Hämmerli und Willi Aeppli.

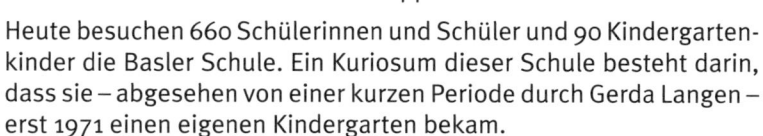

Hans Erhard Lauer

Heute besuchen 660 Schülerinnen und Schüler und 90 Kindergartenkinder die Basler Schule. Ein Kuriosum dieser Schule besteht darin, dass sie – abgesehen von einer kurzen Periode durch Gerda Langen – erst 1971 einen eigenen Kindergarten bekam.

hintere Reihe (v.l.n.r.): Elisabeth Häusler-Hämmerli, Gertrud Staedtke, Ruthild Ganz, Marie Rätz, Berta Witzemann, Werner Witzemann, Willi Aeppli, Adelheid Tschakalow, Maria Widmer, Rosa Ringel, Julius Dessecker, Friedrich Widmer, Hans Erhard Lauer, Ruth Spalinger-Ravey
vordere Reihe (sitzend, v.l.n.r.): Helene Brentzel, Rudolf Grosse, Willi Overhage, Edith Dessecker, Lili Fritz-Klinger, Clara Bosshard

1926: Eröffnung der Schule an der Lindenhofstrasse 9 mit drei Klassen und dreissig Kindern. Als erste aller späteren Gründungen im In- und Ausland erhält sie den Namen Rudolf Steiner Schule.

1931: Die wachsende Klassen- und Schülerzahl nötigt zum Erwerb eines grösseren Hauses an der Engelgasse 9, das im Frühjahr bezogen wird.

ZÜRICH
Die Gründungen der ersten Rudolf Steiner Schulen in der Schweiz

Die Gründung der Rudolf Steiner Schule in Zürich spielte sich unabhängig von der Situation in Basel ab. Am 2. Mai 1927 fand die Gründung mit 12 Kindern von der Klasse 1 bis 3 zunächst an der Kinkelstrasse 6. statt. Die Motive lagen zunächst in der Begegnung von vier Menschen und ihrer Beziehung zur Anthroposophie.

1920 begegnete *Walter Wyssling* erstmals der Anthroposophie. Er hatte an der ETH Zürich studiert und wurde Bauingenieur. Als solcher betätigte er sich dann an verschiedenen Orten der Schweiz beim Bau neuer Kraftwerke. Sein Chef E. Etienne hatte ihn in Genf auf Rudolf Steiner und die Anthroposophie aufmerksam gemacht. Rudolf Steiner versuchte damals den Impuls der «sozialen Dreigliederung» im Kulturleben anzuregen. Aus diesen Bemühungen heraus war bereits im September 1919 in Stuttgart die erste Schulgründung, die sich auf den Boden der anthroposophischen Pädagogik stellt, vollzogen worden. Durch diese Quellen angeregt, entsprang W. Wyssling die Idee, die Realisierung einer Rudolf Steiner Schule aus schweizerischen Verhältnissen anzustreben. 1925 erhielt er den Hinweis durch Frau Dr. Elisabeth Vreede[1], Mitglied des Vorstandes am Goetheanum, sich bei der Lehrersuche an den Schweizer *Curt Englert* zu wenden, der in Norwegen lebte. Englert stammte aus dem Engadin, wurde aber bald nach Basel versetzt, da sein Vater beim Bau des Goetheanums als leitender Ingenieur tätig war. Er studierte alte Sprachen in Basel und wurde von seinen Professoren ermutigt eine Hochschullaufbahn zu ergreifen. Als er nach Abschluss des Studiums nach Italien und Griechenland reisen wollte, um alte Kulturen kennen zu lernen, wurde er gebeten, nach Norwegen zu gehen. Er brach seine Reise ab und folgte der Einladung in den Norden und wurde Gymnasiallehrer in Bergen. Die Aufforderung von W. Wyssling nach Zürich zu kommen, stellte wieder alles in Frage. Der Brief mit einer Anfrage an diesen für W. Wyssling gänzlich unbekannten «Lehrer und Anthroposophen» kam für Curt Englert völlig unerwartet. Er konnte es zunächst mit seiner Lebenssituation nicht zusammenbringen, doch liess ihm der Brief keine Ruhe. Die erste Begegnung der Ehepaare Wyssling und Englert in Zollikon führte zum Entschluss, sich innigst mit Pestalozzi zu beschäftigen, um den «geistigen Faden» dort wieder aufzunehmen, wo er abgerissen sei. Für die Vorbereitung zu einer Schulgründung wurden zusätzlich der Jurist *Dr. Paul Jenny* und der Arzt *Dr. Hans-Werner Zbinden* gefunden. Die drei waren Schulkameraden in derselben Klasse des Gymnasiums in Basel. W. Wyssling starb nach kurzer, schwerer Krankheit 35-jährig. Die Ausstellung des Totenscheins war die erste Amtshandlung, die Dr. Zbinden als Arzt vollziehen musste. Bis zu seinem Tod im Jahre 1976 war Dr. Zbinden als Schularzt und Beisitzer im Vorstand der Schulvereinigung unermüdlich für das Wohl der Schule engagiert. Die beiden jungen Freunde Jenny und Zbinden sahen die Gründungsidee trotz der äusseren Erschwernisse nicht in Frage gestellt. Die Schulgründung zeigt mit der «biografischen Rune» ihre Verwirklichung durch das reale Zusammenwirken von Lebenden und

Walter Wyssling

Curt Englert

Dr. Paul Jenny

Dr. Hans-Werner Zbinden

1) Curt Englert im Aufsatz «Aus der Geschichte der Rudolf Steiner Schule in Zürich» Menschenschule 1948

Die Gründungen der ersten Rudolf Steiner Schulen in der Schweiz

Verstorbenen. Die Schulvereinigung trägt seither den Namen in memoriam Walter Wyssling. Eine behördliche Bewilligung war nötig und der damals in hohem Ansehen stehende Dr. Mousson gab nach eingehender Prüfung diese gerne, überzeugt von der Gründerpersönlichkeit und der Bedeutung der anthroposophischen Pädagogik.

Noch im selben Jahr der Schulgründung erlaubte es eine glückliche Fügung, dass die Räume an der Plattenstr. 39 bezogen werden können. Die ab 1927 herausgegebene Monatszeitschrift «Die Menschenschule» von C. Englert veröffentlichte zahlreiche Vorträge von Rudolf Steiner, die damals nicht leicht zugänglich waren. Noch zur gleichen Zeit führte C. Englert mit Frau de Jaager und J. Waeger eine pädagogische Arbeitsgruppe am Goetheanum (siehe Lehrerbildung). Der Schulgründer C. Englert verliess nach zehn Jahren – 1937 – die Schule und folgte dem Ruf anthroposophischer Freunde in Norwegen einerseits die dortige pädagogische Aufbauarbeit zu unterstützen und die Aufgabe des Generalsekretärs der anthroposophischen Landesgesellschaft wahrzunehmen. Dies war für die Schule ein wichtiger Einschnitt. Mit *Johannes Waeger* und *Marguerite Lobeck* war das Kollegium von vielen starken Persönlichkeiten geprägt.

Das Lehrerkollegium von 1953 (v.l.n.r.): Hans Fischer, Rosa Wyssling, Olga von Wartburg-Zbinden, Maria Balastèr-von Wartburg, Paul Brügger, Dorothea Waeger-Gossweiler, Marguerite Lobeck, Lilly Gross-Anderegg, Eleonore Lütge, Werner Spalinger, Ruth Béguelin, Hans Rudolf Niederhäuser, Markus Schweizer, Paul Lohr, Emma Weideli, Helmuth von Wartburg, Otto Fischer, Willi Butscher, Max Schenk

ZÜRICH

Johannes Waeger besass in seltenem Masse die Fähigkeit, sich in die Gedankengänge der grossen Philosophen und Dichter zu versetzen. Er spielte sehr gut Klavier und liess viele SchülerInnen am Ende des Unterrichtes von seiner Musik profitieren. Daraus entstand später Jahrzehnte lang die Samstagsmusik. Er hat sich auch durch die Herausgabe von Rudolf Steiners Werken verdient gemacht.

Marguerite Lobeck war, neben Marianne Ruof, jahrelang die Eurythmielehrerin der Schule. Sie besass eine aussergewöhnliche dichterische Begabung, die sie in den Dienst der Pädagogik stellte. Sie verfasste für die Kinder ein Sommerspiel. Auch heute ist das Sommerspiel von Frau Lobeck nicht nur ein pädagogischer Hochmoment des Jahres an der Zürcher Schule, wenn die Fünfklässler das Spiel aufführen – es wird an vielen Schulen in der Schweiz und im Ausland gespielt.

Johannes Waeger

Das Ur-Kollegium und dessen sozialen Impulse wirkten als Vorbild und Anregung bis in die 90er Jahre. Die Impulse der Dreigliederung (Rudolf Steiner hatte in Zürich wichtige Vorträge über die soziale Frage gehalten) und der Pädagogik sind für die Schule während der ganzen Zeit prägend gewesen und veranlassten jährlich Tagungen zu diesen Themen; die Sommertagungen an der Zürcher Schule waren und sind immer noch Referenzen für andere Schulen.

v.l.n.r.: Emma Weideli, Eleonore Lütge, Marguerite Lobeck

Heute zählt die Schule etwa 270 SchülerInnen (Klasse 1 bis 9) und 45 Kindergartenkinder, sie bildet mit der Rudolf Steiner Schule Sihlau (ca. 250 SchülerInnen) in einem Kooperationsvertrag die Trägerschaft der Atelierschule als unabhängige Mittelschule (Klasse 10 bis 12) mit 145 SchülerInnen.

BERN
Die Gründungen der ersten Rudolf Steiner Schulen in der Schweiz

Friedrich Eymann

Die Gründung einer Rudolf Steiner Schule in Bern muss in unmittelbarem Zusammenhang mit dem Wirken *Friedrich Eymanns* (1887-1954) gesehen werden. Nachdem dieser 1924 im Rathaus von Bern die Vorträge Rudolf Steiners über Pädagogik mit angehört hatte, begann Eymann durch sein jahrelanges öffentliches anthroposophisches Wirken im Kanton Bern den Boden für diese Pädagogik vorzubereiten (nicht zuletzt auch in seiner damaligen Funktion als Lehrer für Religion am staatlichen Lehrerseminar Hofwil und als a.o. Professor an der Universität Bern mit einem Lehrauftrag für Ethik). Ursprünglich reformierter Pfarrer in Eggiswil, entdeckte er seine pädagogische Ader und wurde als Religionslehrer an das staatliche Lehrerseminar Hofwil-Bern berufen. Aufgrund seiner immer schwierigeren Stellung als öffentlich wirkender Anthroposoph wurde er nach dramatischen Auseinandersetzungen 1939 entlassen.

1942 wurde hauptsächlich auf seine Initiative hin die «Freie Pädagogische Vereinigung (FPV)» gegründet. Er strebte ursprünglich eine Gesamterneuerung des Bernischen Schulwesens aus den Impulsen Rudolf Steiners an. Als dies nicht gelang, wollte er nach seiner Entlassung mit dieser Gründung die Methodik und Pädagogik Rudolf Steiners in staatliche Schulen einfliessen lassen. Viele seiner ehemaligen Seminaristen begeisterten sich für diese neuen Impulse und versuchten sie in ihren Schulen zu praktizieren. Stellvertretend seien Jakob Streit, Heinrich Eltz, Arnold Wyss, Robert Pfister, Ernst Bühler und Max Leist genannt, die sich durch Publikationen und viele Vorträge und Kurse zur Waldorfpädagogik über den Lokalbereich hinaus einen Namen gemacht haben. In diesem Umfeld muss der Beginn der Rudolf Steiner Schule Bern gesehen werden.

Der Gründung einer heilpädagogischen Schule im Jahre 1945 folgte ein Jahr später die Gründung der Rudolf Steiner Schule Bern. Neben den Gründungslehrern *Hans Jaggi* (1907-1984), Gertrud Bracher, Ida Duwan und *Max Zumbühl* (1920-2004) seien drei Persönlichkeiten genannt, die über Jahrzehnte das Schicksal der Schule prägten und ihre innere Kontinuität gewährleisteten: Arthur Ruchti (1921-2004), Melanie Brantschweiler, Hans Hari (1927-1996) und Hermann Eymann (1926-2004), ein Sohn von Friedrich Eymann.

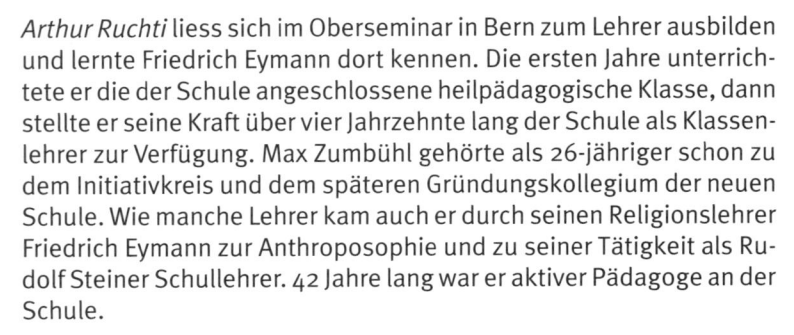

Max Zumbühl

Arthur Ruchti liess sich im Oberseminar in Bern zum Lehrer ausbilden und lernte Friedrich Eymann dort kennen. Die ersten Jahre unterrichtete er die der Schule angeschlossene heilpädagogische Klasse, dann stellte er seine Kraft über vier Jahrzehnte lang der Schule als Klassenlehrer zur Verfügung. Max Zumbühl gehörte als 26-jähriger schon zu dem Initiativkreis und dem späteren Gründungskollegium der neuen Schule. Wie manche Lehrer kam auch er durch seinen Religionslehrer Friedrich Eymann zur Anthroposophie und zu seiner Tätigkeit als Rudolf Steiner Schullehrer. 42 Jahre lang war er aktiver Pädagoge an der Schule.

Arthur Ruchti

Hans Hari wurde 1927 in Kandersteg geboren. Nach dem Besuch des Lehrerseminars unterrichtete er zuerst in Oberburg und Kandersteg. Bei Vorträgen von Friedrich Eymann lernte er die Anthroposophie kennen. 1954 wurde er an die junge Rudolf Steiner Schule in Bern berufen. Mehr als viermal hat Hans Hari Schüler in die achte Klasse hochgeführt. Bereits früh hat er sich auch in der Lehrerbildung engagiert: in den Trubschachen-Tagungen, in den Jahreskursen und im berufsbegleitenden Rudolf Steiner Lehrerseminar, bei dem er unterrichtend und leitend tätig war.

Hermann Eymann unterrichtete von 1957 bis in die 90er Jahre hinein an der Schule und leitete in den letzten Jahren seines Lebens das berufsbegleitende Lehrerseminar für anthroposophische Pädagogik in Ittigen. Er unterrichtete vornehmlich an der Oberstufe naturwissenschaftliche Fächer. Weit über die Schule hinaus fanden seine grossartigen Chorkonzerte des Oberstufenchors Beachtung.

Hans Hari

Zwei markante Entwicklungsschritte seien besonders erwähnt. 1978 wurde das Schulhaus in Ittigen, ein damals weit über Bern hinaus beachteter Bau im organischen Baustil, eingeweiht. Dies wurde möglich durch das grosszügige Geschenk des Landwirtes Werner Salzmann aus Ittigen, der der Schulgemeinschaft sein wunderbares Bauernhaus und 14.000 Quadratmeter Bauland für den Neubau zur Verfügung stellte. Ab 1977 entstand allmählich eine volle Doppelzügigkeit, die schliesslich 1992 zu den Neubauten am Melchenbühlweg in Bern führten, wobei aber beide Klassenzüge in Ittigen und Melchenbühl noch einen gemeinsamen Organismus bildeten mit gemeinsamen Konferenzen und einem gemeinsamen Schulverein.

Hermann Eymann

Heute besuchen gesamthaft 600 Kinder und Jugendliche in vier Kindergärten und 22 Klassen die Häuser in Ittigen und Melchenbühl.

Stehend (v.l.n.r.): Margrit Eymann, Herrmann Eymann, Hedy Schmid, unbekannt, unbekannt, Helga Withöft, Fräulein Münger, Dieter Hölz, unbekannt, Frl. Nyffeler, Frl. Brunschwiler, Hans Hari, Adelheid Tschakalov, Arthur Ruchti, Frau Wälti, Franz Aebi
Sitzend (v.l.n.r): Ekhard Dönges, Max Zumbühl, Helga Christen, Annemarie Hilden, Raphael Hilden

DIE SCHULGRÜNDUNGEN

Die Rudolf Steiner Schulbewegung in der Schweiz hat sich zunächst durch die zwei Schulen Basel 1926 und Zürich 1927 entwickelt (abgesehen von der besonderen Erscheinung der Fortbildungsschule am Goetheanum). Sie waren Jahrzehnte lang Referenzen für neue Schulgründungen. Diese zwei Rudolf Steiner Schulen konnten auch während des Krieges weiterarbeiten, 1947 kam Bern dazu. Die schweizerische Schulbewegung hat sich also seit 1926 ohne Unterbruch bis heute weiterentwickelt: ein langsames Wachstum bis 1970; in diesen Jahren erfolgte der Aufbau der Oberstufen bis in die 12. Klasse in Basel, Zürich und Bern, dann eine rasche Expansion mit über dreissig Schulgründungen bis Ende der 80er Jahre, dann folgte die Bildung von innovativen Schulmodellen in den 90er Jahren. Nach einigen Schulschliessungen (um 2001) scheint die Grenze des Wachstums in der Schweiz erreicht zu sein. Mitte der 90er Jahre begann ein Rückgang der Schülerzahl (wie auch in den Staatsschulen). Ganz besonders erfolgreich in den letzten Jahren wurden die verschiedenen Angebote im Mittelschulbereich (IMS-Abschlüsse).

Neben der Rudolf Steiner Schule Bern wurden nach dem 2. Weltkrieg die drei Heimschulen Montolieu (1951, geschlossen 1972), Ins (1953) und Avrona (1955) gegründet.

Nachdem schon 1969 die Christophorus Schule und wenig später die Helfenberg Schule in Basel mit einem spezifischen Förderschul-Profil gegründet wurden, sind in den 70er Jahren 15 weitere Schulen entstanden: Biel 1970, St. Gallen 1971, Pratteln 1973, Winterthur 1975, Wetzikon 1976, Lausanne 1976, Adliswil 1976, Solothurn 1977, Lugano 1977, Schafisheim 1978, Chur 1978, Aesch 1978, Zug 1979, Schaffhausen 1979 und Wil 1979.

In den 80er Jahren kamen 16 Schulen dazu: Kreuzlingen 1980, Genf 1980, Spiez 1981, Langenthal 1983, Neuchâtel 1984, Langnau 1984, Albisrieden (Zürich) 1985, Schaan 1985, Yverdon 1987, Kleinklassenschule Bern 1988, Glarisegg 1988, Luzern 1988, Marbach 1989, Locarno 1989, Münchenstein 1989.

Durch den Schülerrückgang gründeten die Schulen Biel, Langenthal und Solothurn in den 90er Jahren eine gemeinsame «Regionale Oberstufe Jurasüdfuss» in Solothurn 1992 (ROJ). Dann kamen «Schule und Beruf» in Basel 1993 und die Freie Oberstufenschule Baselland (FOS) in Muttenz 1996 hinzu. Diese neuen Schulen verfolgten innovative Projekte im Mittelschulbereich. Dazu kam die Gründung der Sonderschule Lenzburg 1997. 2002: Scoula Libra in Scuol (Engadin) und 2003 die Atelierschule in Zürich.

Das Schulmodell der Rudolf Steiner Schulen in der Schweiz im Mittelschulbereich (10. bis 12.Klasse) nennt sich Integrative Mittelschule (IMS).

Um das Jahr 2001 gab es aus verschiedenen Gründen fünf Schulschliessungen: eine französisch sprechende Schule in Neuchâtel (2000), drei Schulen in der Ostschweiz: Chur, Unterstufe (2001), Marbach, Unterstufe (2001), Glarisegg, Mittelschule und Internat (2001) und eine Schule in Zürich Albisrieden, Unterstufe (2002).

Heute gibt es 36 Schulen, davon drei französisch-, zwei italienisch- und eine rätoromanisch sprechende, die 29 anderen Schulen sind deutsch sprechend. Die Schulen in Avrona und Ins sind Internate.

Frage der Selbstverwaltung

Die von Rudolf Steiner inaugurierte Selbstverwaltung und Autonomie der einzelnen Schulen stellte die Verantwortlichen vor grosse Herausforderungen, die auf der einen Seite zu fruchtbaren Innovationen, auf der anderen Seite zu lähmenden Strukturdebatten geführt haben. Dieses Ringen um die Sozialgestalt hatte in der Schweiz von Anfang an ein spezifisches Gepräge. Zunächst sei die Aufgabestellung kurz beschrieben. In seinem Aufsatz «Freie Schule und Dreigliederung» macht Rudolf Steiner deutlich, dass nur der zur Freiheit erziehen könne, der selber von Staat und Wirtschaft frei sei. Damit alles, was an einer Schule geschehe, Ausdruck einer pädagogischen Zielsetzung sei, könne die Schulverwaltung nicht von einer übergeordneten Stelle wahrgenommen werden, sondern die produktiv in der Erziehung stehenden Personen müssten selber auch die Verantwortung für die Verwaltung wahrnehmen. Damit wird die Forderung nach einem freien Geistesleben nicht nur zu einem Kampf nach aussen gegen ein zentralistisches Schulwesen, das durch den Staat verantwortet wird, sondern erfordert auch die Phantasie der an einer Schule beteiligten Personen, eine solche Selbstverwaltung im Rahmen der Möglichkeiten sachgerecht und mit möglichst wenig Reibungsverlust zu realisieren.

Da das Schweizer Schulwesen ganz föderalistisch aufgebaut ist, das heisst, die verschiedenen Kantone die Schulhoheit ausüben, ist ein relativ grosser und unterschiedlicher Verhandlungsspielraum mit den staatlichen Behörden in den verschiedenen Kantonen gegeben. Die Verhandlungen führten in der Regel auch zu vergleichsweise günstigen Bedingungen, was die Durchführung des Lehrplanes und die Lehrerwahl betrifft. Das Studium der Schulbewilligung der verschiedenen Erziehungsdepartemente von 1926 bis heute ist diesbezüglich lehrreich (siehe Anhang). Anders sieht es in der Frage der Finanzierung aus. Hier herrschte bei den Kantons- und Gemeindeorganen bis in die 90er Jahre gesamthaft, und bis heute grösstenteils die Überzeugung, dass, wer eine spezielle Pädagogik wolle, dafür auch die nötigen finanziellen Mittel bereitstellen müsse. Dies hatte von Anfang an zur Folge, dass sich die Rudolf Steiner Schulen in der Schweiz selber finanzieren mussten. Ja, in manchen Kantonen ist es bis heute sogar so, dass das bezahlte Schulgeld überhaupt nicht, oder nur zu einem Teil von den Steuern abgesetzt werden kann, sodass die Eltern im Grunde doppelt bezahlen. Bei einzelnen Rudolf Steiner Schulen wurde aber darüber hinaus die Haltung vertreten, dass man eventuelle Staatsbeiträge gar nicht akzeptieren dürfe im Sinne des Dreigliederungsgedankens, da man sonst in eine äussere oder innere Abhängigkeit gerate. Diese Haltung ist in den letzten zwei Jahrzehnten seltener geworden, weil die beschriebene Situation in der gegenwärtigen Finanzlage viele Rudolf Steiner Schule an den Rand des finanziellen Abgrunds führte. Ausserdem ist die Bereitschaft einzelner Kantone und Gemeinden, die Rudolf Steiner Schulen zu unterstützen, grösser geworden ist.

Das bedeutete von Anfang an, dass Eltern, Schulfreunde und eventuell nahestehende Institutionen die gesamte Schulfinanzierung bewerkstelligen mussten. Es hatte auch zur Folge, dass die Gehälter der Lehrpersonen weit unter den staatlichen Lehrergehältern lagen. Trotz dieser Tatsache wurden aber an den meisten Schulen auch Kinder aufgenommen, deren Eltern nicht in der Lage waren, die Schule finanziell angemessen zu unterstützen. Die Form, wie nun die Finanzierung der Schule – Festlegung des Schulgeldes und der Lehrergehälter – zustande kam, wurde an den verschiedenen Schulen unterschiedlich gehandhabt und unterschiedlich diskutiert. Vielfach veränderte sich die Form auch im Laufe der Jahre.

Eine weitere Frage war: Wie wirkt in diesem ganzen Prozess der in der Regel aus Eltern, Freunden und Lehrern gebildete Schulverein mit? Ist er blosser Förderverein oder für die Verwaltung des Schulbetriebes (Gebäude, Finanzverwaltung) verantwortlich und damit juristischer Leiter der Schule? Besteht die Leitung der Schule aus dem Kreis aller Lehrpersonen, einem kleineren Kreis (Interne Konferenz) oder lediglich aus einem gewählten Schulleiter? Gibt es eine festgelegte Gehaltsordnung? Und wer bestimmt diese? Gibt es ein festgelegtes Schulgeldsystem oder liegt es im Ermessen der Eltern, wieviel sie leisten können? Wer stellt die Lehrpersonen ein und entlässt sie eventuell wieder? Wer bestimmt, wie das neue Schulhaus auszusehen hat und welchen Architekten man mit dieser Aufgabe betraut? Sind Lehrkräfte Angestellte des Schulvereins oder selbständig Erwerbende?

Fragen dieser Art haben von Anfang an die Mitwirkenden der Rudolf Steiner Schulen bewegt und zu unterschiedlichen Vereinbarungen geführt. Es liegt in der Natur der Sache, dass solche Fragen, je nach dem Charakter der Schule, mehr fundamentalistisch prinzipiell oder aber pragmatisch situationsgebunden beantwortet wurden. Insgesamt aber kann man sagen, dass die extremen Standpunkte heute nicht mehr stark zum Zuge kommen. Das heisst, dass sich auch die Strukturen nicht mehr so sehr von einander unterscheiden, wie dies bis in die 70er und 80er Jahre noch der Fall war.

Basel und Zürich   Paradigmatisch kann man die beiden ersten Schulen, Basel und Zürich, als Vertreterinnen von zwei unterschiedlichen Positionen bezeichnen – mit entsprechender Wirkung auf Schulgründungen, die sich an der einen oder anderen Schule orientierten. Den Verantwortlichen in Zürich war von Anfang an die Verpflichtung gegenüber dem Impuls der Sozialen Dreigliederung am Herzen gelegen. Im Hintergrund stand die Überzeugung, das Geistesleben müsse durch Schenkungsgelder finanziert werden, daher könne es kein festes Schulgeld geben. Die Eltern müssten selber entscheiden, aufgrund der Wahrnehmung der Schulsituation und ihrer eigenen Möglichkeiten, wieviel sie der Schule von ihren Mitteln zur Verfügung stellen könnten und wollten. Der Freiheit in der Unterstützung der Schule mit finanziellen Mitteln durch die Eltern stehe die Freiheit der Lehrer gegenüber, die sich nicht von irgend jemandem, auch nicht bloss im juristischen Sinn, als angestellt fühlten, sondern die Form der einfachen Gesellschaft selbständig Erwerbender wählten. Die von Rudolf Steiner nach dem sozialen Hauptgesetz geforderte Entkoppelung von Leistung und Entschädigung wurde in der Praxis so realisiert, dass jede Lehrperson, unabhängig von der Anzahl Stunden, die erteilt wurden, ihre finanziellen Bedürfnisse aufgrund der individuellen Situation meldete. Ein Vertrauenskreis, oder auch eine einzelne Vertrauensperson trug sodann Sorge dafür, dass die Summe im Rahmen der Möglichkeiten der Schule blieb und führte zu diesem Zweck mit Einzelnen gegebenenfalls vertrauliche Gespräche.

Bei der Gründung der Basler Schule standen solche Fragen nicht im Vordergrund, obwohl die ursprünglichen Statuten ganz im Sinne der Dreigliederung des Sozialen Organismus abgefasst waren. So lag bis 1953 das Schulgeld im Ermessen der Eltern und die minimalen Gehälter wurden nach den sozialen Bedürfnissen festgelegt. Im übrigen aber richtete sich die ganze Energie, der ganze Einsatz auf die Unterrichtspraxis. Die Frage der Schulleitung regelte sich wie von selbst. Massgeblich war in allen Belangen ohnehin das Lehrerkollegium, der Schulverein hatte dienenden Charakter.

1953 kam es dann zu einer Statutenrevision, die nun eine völlig andere Richtung einschlug. Alle Belange der Schulführung, ausser den rein pädagogischen, gingen in die Hände des Schulvereins über. Die Lehrer wurden formal Angestellte des Schulvereins, allerdings mit der Vereinbarung, dass Personalfragen (Eintritte und Austritte der Lehrer und Lehrerinnen) Sache des Kollegiums sein sollten. Die Höhe des Schulgeldes wurde mit einer sozialen Staffelung jetzt festgelegt, ebenso regelte eine Gehaltsordnung die Gehälter der Unterrichtenden. Höhepunkt dieser Periode war der Neubau des Schulhauses auf dem Jakobsberg, der stark von dem damaligen Schulverein vorangetrieben wurde. Mitglieder des Schulvereins waren Eltern, Freunde der Schule und Kollegiumsvertreter.

1976 kam es dann zur Neubesinnung auf die Prinzipien der ersten Statuten im Zusammenhang mit einer Arbeit zu Fragen der Sozialen Dreigliederung. Dies führte zu den dritten Statuten, die einen Weg zu einer Selbstverwaltung durch die Unterrichtenden eröffneten, gleichwohl aber den Schulverein juristisch noch als Träger der Schule sahen. Doch wurde das Lehrerkollegium nun mitverantwortlich auch in finanzielle Belange einbezogen. So wurden Budget und Jahresrechnung im Kollegium beraten. Die weitere Entwicklung der inneren Struktur der Schule ergab sich mehr pragmatisch mit einem partnerschaftlichen Einbeziehen der Elternschaft. Dies gilt besonders für die Einführung eines Schulgeldsystems, das sich nach dem steuerbaren Einkommen der Eltern richtete. Aufgrund dieses Systems setzte eine Beitragskommission von Eltern und Mitgliedern des Schulvereins aufgrund dieser Richtlinien die Schulgeldhöhe im Gespräch mit den Eltern fest. Auch in der Gehaltsordnung spiegelte sich ein solcher Kompromiss, indem neben einem festgelegten Grundgehalt, das jedem zustand, und sozialen Zulagen bei Familien, ein individueller Ermessensspielraum bestand.

Bern In der Rudolf Steiner Schule Bern war das grosse Anliegen, eine Schulstruktur zu haben, die ganz im Sinne einer konsequenten Anwendung der Dreigliederungsidee war. Dies wurde wie in Zürich mit grosser Konsequenz durchgeführt. Oft litt bei solchen empfindlichen Fragen, wie die nach der Höhe des Gehaltes, die Klarheit und Transparenz. Wie weit die Transparenz diesbezüglich gehen kann, zeigt dagegen ein Beispiel aus der Rudolf Steiner Schule Langnau im Emmental, wo die individuellen Bezüge der Lehrer den Eltern und Freunden im Schulblatt offengelegt wurden.

So findet man in der Ausbildung und Entwicklung der Sozialstruktur der Schulen die unterschiedlichsten Lösungsansätze und Möglichkeiten, die sich aber im Lauf der Zeit, wie das Beispiel von Basel zeigt, mehrfach verändern konnten.

Das gilt auch in Bezug auf die Leitungsstruktur. Es gab und gibt Schulen, an denen grundsätzlich alle Entscheidungen in der Konferenz stattfanden, wo alle Lehrpersonen anwesend waren. Jeder verantwortliche Mitarbeiter sollte am Entscheidungsprozess beteiligt sein. Natürlich geschah es in einer solchen Struktur auch leicht, dass in informellen Treffen oder auch in der Konferenz selber einige wenige erfahrene Personen die Entscheidungen prägten. Man wusste von vornherein, wessen Segen eine neue Initiative oder ein Beschluss bedurfte. Das andere Extrem ist eine Schulleitung, in der die Kompetenzen bis in Anstellungen und Kündigungen hinein delegiert sind. Dazwischen gibt es viele Formen, insbesondere die Aufsplitterung der Aufgaben in eine Vielzahl von Kommissionen und Mandatsgruppen, die sich teilweise durchdringen und damit mit entsprechendem Sitzungsmarathon für den einzelnen. Insgesamt ist auch hier feststellbar, dass in den letzten Jahren eine gewisse Verdrossenheit gegenüber endlosen Strukturdebatten auftrat, die manchmal die pädagogische Arbeit zu verdrängen drohten. Nach wie vor aber bleibt die Herausforderung bestehen: Wie muss eine Schule geleitet und verwaltet werden, die zu ihrem Ziel hat, Kinder zu selbstverantwortlichen freien Menschen zu führen? Wie soll Rudolf Steiners Anregung verwirklicht werden, dass nur derjenige, der selber produktiv im Schulleben steht, dieses bis in die Einzelheiten verantwortlich verwalten und gestalten müsse?

Bildung einer Arbeitsgemeinschaft

ENTSTEHUNGS-GESCHEHEN

Im Unterschied zu den deutschen Waldorfschulen gab es wenig Regulatives, das Wachstum fand oft unkoordiniert statt; das Bedürfnis nach Austausch und Koordination begann erst Mitte der 70er Jahre aktuell zu werden. Die einzelnen Schulen lehnten bis dahin jeden Zentralismus oder die Festlegung von formalen, verbindlichen Formen deutlich ab. Das Prinzip der freien Initiativen wurde Jahrzehnte lang als gültig und unantastbar bei Schulgründungen respektiert und angewendet. Die Autonomie der einzelnen Schulen stand ausser Frage. Individuelle Initiativen führten dazu, dass schulübergreifende Gespräche über Oberstufenfragen, Schulgründungen und die bildungspolitische Situation regelmässig gepflegt wurden. Schon Ende der 60er Jahre entstand eine vermehrte Zusammenarbeit unter den Schulen beim Treffen der Oberstufenlehrer von Basel, Bern und Zürich. Daraus erwuchsen die jährlich zweimal stattfindenden Gesamtkonferenzen und später die Arbeitsgemeinschaft der Rudolf Steiner Schulen in der Schweiz (1977). Vier Treffen pro Jahr: der Ort der Zusammenkünfte wechselte jedes Mal, um allen Schulen gerecht zu werden. Dieses Prozedere ist bis heute geblieben. Massgebend für diese Entwicklung sind die Herren Otfried Doerfler, Werner Spalinger und später Renato Cervini, die die Zusammenkünfte organisiert und geleitet haben. 1989 gründete Peter Jäggli (Schaffhausen) nach intensiven Gesprächen in der Arbeitsgemeinschaft, die «Stiftung zur Förderung der Rudolf Steiner Pädagogik in der Schweiz», um die Schulen zu unterstützen. Auch wenn es als unschweizerisch galt, einen «Bund» nach deutschem Vorbild zu gründen, erschien es wichtig, Probleme zu lösen, welche die einzelnen Schulen allein nicht lösen konnten: Entschuldung der Schulvereine, Stärkung der Altersvorsorge der Lehrerschaft (Etwa 1/3 der Lehrkräfte arbeiten in einem Angestellten-Verhältnis und 2/3 als Selbständigerwerbende), öffentliche und politische Arbeit, finanzielle Hilfeleistungen für Schulen in Not und die Erstellung von Statistiken standen am Anfang als offene Projekte da. Vieles davon wurde umgesetzt: der Solidaritätsfonds, die Bildungspolitische Arbeit (Basler Manifest, die Kommissionen). Dazu kamen andere Aufgaben, wie z.B. die Frage nach einem professionellen Qualitätsmanagement (Einführung von «Wege zur Qualität» von Udo Herrmannstorfer in der Schulbewegung), die Handhabung der Verwaltungsaufgaben (Michael Harslem), eine wissenschaftliche Forschung der Lebensläufe von Schulabsolventen (1999), eine Befragung ehemaliger SchülerInnen durch die Alanus Hochschule in Deutschland (2007), Stärkung der Selbständigkeit der Lehrer und die Aktualisierung der Impulse der sozialen Dreigliederung. Die Stiftung suchte 2002 eine grundsätzliche Neuorientierung, um die Selbstverwaltung der Schulen zu fördern. Sie überlässt die Führung und Betreuung von pädagogischen Projekten der Verantwortung der Arbeitsgemeinschaft und gibt jährlich Gelder, um die Umsetzung zu ermöglichen. Dies führte dazu, dass die Schulen 2003 die Arbeitsgemeinschaft in einen eigenen Verein überführten.

Die Rudolf Steiner Schulen als private Schulen können in der Schweiz keine Subventionen der Kantone erhalten (mit wenigen bescheidenen Ausnahmen). Nur das Engagement der Eltern und LehrerInnen

Bildung einer Arbeitsgemeinschaft

macht die Schulen lebensfähig. Dies gehört zum Profil der Rudolf Steiner Schulen in der Schweiz.

Nach den seit 1971 stattfindenden Gesamtkonferenzen, die einen internen Charakter trugen, fanden seit Beginn der 90er Jahre grosse öffentliche Veranstaltungen statt:

s. Dokumente Seiten 113-115

1991 öffentlicher Kongress in Bern «Werden, Wachsen, Wirken», 1998 wiederum in Bern «Jahrtausendwende, den Umbruch mitgestalten» und 2001 in Basel «Dem Menschen verpflichtet». Dabei haben sich zwei Persönlichkeiten durch ihre Initiativkraft besonders hervorgetan: Lucie Hagnauer aus Basel und Elisabeth Hubbeling aus Zug.

2002 an der Expo.02 in Biel wurde durch den «Verein der Rudolf Steiner Schulen in der Schweiz an der Expo.02» (Peter und Doris Blösch) im Auftrag der Stadt Biel und des Vereins Landesausstellung ein Kinderhütedienst betrieben, 5058 Kinder wurden in dieser Zeit betreut.

2006 die SteinerWoche 2006 «Wir gehen aufs Ganze» ist eine weitere gemeinsame Aktion, welche die Steiner Schulen in eine breitere Öffentlichkeit stellte.

Noch zu erwähnen ist der Verein «elternlobby Schweiz», politisch und konfessionell neutral; er wurde von Pia Amacher im Herbst 2002 gegründet. Mitglieder sind Eltern aus allen Schulen in der Schweiz. Der Verein setzt sich vorrangig für Bildungsvielfalt und freie Schulwahl für Alle ein. Eltern sollen zwischen den einzelnen staatlichen und nichtstaatlichen Schulen ohne finanzielle Einschränkung wählen können. Um diese Ziele zu erreichen, wird versucht, durch Volksabstimmungen Verfassung- und Gesetzesänderungen zu erwirken.
(Siehe Interview von Pia Amacher: Das Magazin des TagesAnzeigers, 09 2007).

Der Kinderhütedienst während der Expo.02 in Biel

ERSTE ANNÄHERUNG

Bis in die 60er Jahre hinein entwickelten sich die bestehenden drei Schulen und die abgeschlossene Organismen bildenden drei Heimschulen (Montolieu, Schlössli Ins, Avrona) völlig unabhängig von einander, abgesehen von persönlichen Beziehungen von Lehrkräften verschiedener Schulen.

Ab 1962 trafen sich erstmals Vertreter der drei grossen Schulen zu einer regelmässigen Arbeit und einem Austausch im Hinblick auf die Errichtung und den Ausbau der Oberstufe. Dies war sozusagen die Keimzelle weiterer Initiativen, die über die einzelne Schule hinausführten und allmählich auch zu einem Bewusstsein der gesamten Schulbewegung beitrugen. Doch hatten all diese Treffen einen betont informellen Charakter, und ergaben sich aus konkret gegebenem Anlass. Einer davon waren die anstehenden Neugründungen (Biel, St. Gallen, Winterthur usw.)

Anlässlich des fünfzigjährigen Jubiläums der Waldorfpädagogik im Jahr 1969 entstand die Initiative einer gemeinsamen Wanderausstellung und einer gemeinsamen Festschrift, welche die drei damaligen Verantwortlichen für die Schulzeitschriften von Basel, Zürich und Bern redigierten (Heinz Zimmermann, Hans Hari, Andreas Suchantke). Weitere Zusammenkünfte, die wiederum aus persönlicher Initiative entstanden, fanden in Olten statt und hatten zum Ziel, sich in die damalige Schulpolitik – es stand eine Neufassung des Bildungsartikels in der Bundesverfassung an – einzubringen und sich für ein freies Schulwesen einzusetzen. Unter der Federführung Wolfgang von Wartburgs (Kantonsschullehrer in Aarau und ausserordentlicher Professor in Basel) wurde 1970 die «Schweizerische Gesellschaft für Bildung und Erziehung» begründet und in deren Vorstand je ein Vertreter der Rudolf Steiner Schule von Bern, Basel und Zürich gewählt. Am 1. Mai 1971 schliesslich fand in der Berner Schule zu deren 25 jährigen Jubiläum wie schon erwähnt, die erste Schweizerische Gesamtkonferenz statt, die von da ab in halbjährlichem Abstand durch viele Jahre hindurch zum Erleben der gemeinsamen Aufgabestellung und auch der Vertretung gemeinsamer Interesse beitrugen. Auch verschiedene Fachlehrertreffen (Religion, Fremdsprachen, Musik, Handarbeit u.a.) fanden regelmässig statt. Dabei muss aber betont werden, dass immer das Prinzip herrschte, nur das soll stattfinden, was aus der Initiative entsteht und erwünscht ist. Alles was in eine Verbindlichkeit oder gar in eine feste Organisationsform tendierte, wurde bis in die 80er Jahre von einem grossen Teil abgelehnt. Das bedeutete auch, dass Neugründungen im Unterschied etwa zu Deutschland nur von den örtlichen Initianten abhingen, ob die Sache reif war oder nicht. Schon in den 70er Jahren auftauchende Ideen eines offiziellen Zusammenschlusses mit Vereinsstatuten stiessen bei einzelnen auf massive Ablehnung. Immerhin wurde 1977 in Winterthur der Wille geäussert, sich über eine gemeinsame Eingabe zur Vernehmlassung zu einem neuen Bildungsartikel der Bundesverfassung auszutauschen und zu Taten zu kommen. Den Anstoss dafür hatte vor allem Andreas Dollfus (Zürich) gegeben. Mit Otfried Doerfler ging er nach Bern um Gespräche zu führen. Der Beschluss eine Arbeitsgemeinschaft der

Gründung der Arbeitsgemeinschaft

Schweizer Rudolf Steiner Schulen zu bilden, die neben den mehr pädagogischen Fragen gewidmeten Gesamtkonferenzen und Fachkonferenzen in einer etwas verbindlicheren Art auch Fragen von Neugründungen, Finanzfragen usw. mit Beteiligung von Vertretern der verschiedenen Schulvereine beriet, wurde gefasst. So kann man den 10. Dezember 1977 in Basel als erste reguläre Sitzung der Arbeitsgemeinschaft der Rudolf Steiner Schulen betrachten.

Wiederum auf Initiative einiger Lehrer wurde der damalige Sektionsleiter *Jörgen Smit* gebeten, die Zustimmung zu einem Schweizerischen Kreis auf dem Boden der Pädagogischen Sektion der Freien Hochschule für Geisteswissenschaft zu geben und dabei selber mitzuwirken. Die erste Sitzung des Beraterkreises fand am 15. Juni 1983 statt. Aus diesem Kreis entwickelte sich der «*Schweizerische Beraterkreis*». Dies wurde wesentlich ermöglicht durch das integrierende Wesen und die geistige Kompetenz von Jörgen Smit (1916-1991). Über 20 Jahre war er Klassenlehrer im norwegischen Bergen und machte sich bald einen Namen in der nordischen Schulbewegung. So war er Mitbegründer des 1961 in Järna, südlich von Stockholm eröffneten Rudolf Steiner Seminars. Dorthin wurde er 1966 berufen, um eine Lehrerausbildung aufzubauen. 1975 wurde er in den Vorstand der Allgemeinen Anthroposophischen Gesellschaft in Dornach berufen. Er wurde Leiter der Sektion für das Geistesstreben der Jugend und ausserdem von 1981-1989 Leiter der Pädagogischen Sektion und beliebter Dozent am Dornacher Lehrerseminar. Wie überall in der Welt, fand er auch in der Schweiz unter der anthroposophischen Lehrerschaft grosse Anerkennung. In einer intensiven Weise vertrat er insbesondere die meditative Praxis im Allgemeinen und dann spezifisch für den Erzieherberuf. So trug er wesentlich dazu bei, dass die Beziehung der Schweizer Rudolf Steiner Schulen zum Goetheanum, und insbesondere zur Pädagogischen Sektion immer selbstverständlicher wurde.

Jörgen Smit

Schweizerischer Beraterkreis

Durch die vielen Schulgründungen in den 70er und anfangs der 80er Jahren entstand auch ein Bedürfnis, sich in schwierigen Situationen, die sich in der Entwicklung der jungen Schulen ergaben, an erfahrene Kolleginnen und Kollegen zu wenden und sie um Rat zu fragen. Dadurch ergab sich wiederum ein Bedürfnis unter den Beraterinnen und Beratern, in einen stärkeren Kontakt zu kommen und die Erfahrungen gegenseitig auszutauschen. Der Beraterkreis bestand am Anfang aus den folgenden Persönlichkeiten: Edith und Julius Dessecker, Otfried Doerfler, Edwin Kaufmann, Felix Schaub, Robert Thomas, Jörgen Smit, Werner Spalinger und Heinz Zimmermann. Die Koordination der verschiedenen Beratungen war ein deutlicher Fortschritt in der schweizerischen Schulbewegung. Nach dem Tod von Jörgen Smit wurde dessen Aufgabe durch Heinz Zimmermann, der 1988 in den Vorstand am Goetheanum kam und von 1989-2001 die Pädagogische Sektion leitete und dann durch Christof Wiechert, dem jetzigen Leiter der Pädagogischen Sektion, übernommen. Der Beraterkreis bestand aus Menschen, die durch die tägliche Arbeit mit den Schülerinnen und Schülern, in den Konferenzen mit Kolleginnen und Kollegen und mit den Eltern die aktuelle Praxis kannten und selber erlebten. Die Selbstverwaltung der Schulen setzt eine ständige Erneuerung der Verfahrensmethoden und Techniken in der Entschlussbildung voraus; die Sorgfalt in der Ausarbeitung der lebendigen, sozialen Schulgestalt ist sicher das Wesentliche des gemeinschaftsbildenden Auftrags. In der Pionierphase der Beratungstätigkeit wurden die Beraterinnen und Berater in der Regel erst dann mit Situationen konfrontiert, als die Konflikte bereits eskaliert waren und eine Kommunikation der verschiedenen Gruppen kaum mehr möglich war. Zahlreiche Erfahrungen – nicht nur in der Schweiz – zeigen deutlich, dass die Pflege sachlicher Auseinandersetzungen über methodische Fragen, gesprächsfördernde Formen mit einer externen Begleitung, welche die Konferenzarbeit selber gut kennt, oft fruchtbar ist. Die Wahrnehmung und der gegenseitige Austausch im Beraterkreis führten zu einer grösseren Objektivität und Kontinuität dieser Ergebnisse, bildeten neue Fähigkeiten unter allen Beteiligten und konnten dadurch einen Beitrag zur Qualität der ganzen Schulbewegung leisten, der nicht allein von einzelnen Personen abhing. Der Beraterkreis steht Rudolf Steiner Schulen in der Schweiz und verwandten Einrichtungen auf Anfrage zur Verfügung.

Heute wirken folgende Mitglieder im Beraterkreis (Stand 28.2.2007):
Karin Eckstein, Roswitha Jala, Elsbeth Zysset, Renato Cervini, Roland Hunziker, Florian Osswald, Christoph Mugglin, Robert Thomas und Christof Wiechert.

Die Arbeitsgemeinschaft der Rudolf Steiner Schulen in der Schweiz entwickelte sich bis 1996 wie oben beschrieben. Mitte der 90er Jahre stellte der damalige Leiter Renato Cervini fest, dass die zukünftigen Aufgaben eine grössere Präsenz des Leiters benötigten und nicht mehr nebenbei geleistet werden konnten und deshalb die Schaffung einer Stelle notwendig wurde. Die Gründung einer Koordinationsstelle vollzog sich relativ schnell und wurde von den 36 Schulen ausnahmslos beschlossen und finanziert; die Stiftung zur Förderung der Rudolf Steiner Pädagogik hatte ihrerseits eine Geschäftsstelle organisiert. Die Zusammenarbeit der beiden Stellen war die Bedingung für eine Synergie der Kräfte. Es war auch die Zeit, in der fünf Schulen geschlossen wurden: in Neuchâtel (2000), Chur (2001), Marbach (2001), Glarisegg (2001) und in Zürich Albisrieden (2002).

Die Arbeitsgemeinschaft der Rudolf Steiner Schulen in der Schweiz

Bis 2003 basierte die Zusammenarbeit der Rudolf Steiner Schulen in der Schweiz trotz wachsenden Aufgaben auf einer minimalen Struktur. Entscheidend war – und ist es bis heute geblieben – dass man die Menschen kannte und ihnen vertraute. Am 6. September 2003 wurde schliesslich in Schafisheim der «Verein der Rudolf Steiner Schulen in der Schweiz und Liechtenstein» mit freilassenden Statuten gegründet (siehe Beilage); drei Jahre später wurde der Verein als gemeinnützig anerkannt. Der Beirat der Koordinationsstelle (René Hodel, Christoph Hug und Jürg Voellmy), welcher sieben Jahre lang die Koordinationsstelle beraten hatte, wurde durch den Vorstand der Arbeitsgemeinschaft ersetzt und dieser wurde verantwortlich für die Verbindlichkeit der Zusammenarbeit. Zum Leiter der Koordinationsstelle wurde Robert Thomas gewählt, als Stellvertreter Christoph Mugglin.

Gründung des Vereins der Rudolf Steiner Schulen in der Schweiz und Liechtenstein

Paradoxerweise hat sich damit eine der ältesten Waldorfschulbewegungen der Welt erst 2003 eine juristische Form und Struktur gegeben, weil es erst dazumal als notwendig betrachtet wurde. Diese Entwicklung ist für die Schweiz verständlich, weil man vom Grundsatz ausgeht, dass das Wichtigste nicht in den Statuten liegt, sondern in der realen Zusammenarbeit von Menschen. Heute besteht der Vorstand aus Roswitha Iala (Birseck), Gérard Stöckli (Schaan) und Rosmarie Blaser (Winterthur).

Stiftung zur Förderung der Rudolf Steiner Pädagogik in der Schweiz

Die Stiftung zur Förderung der Rudolf Steiner Pädagogik in der Schweiz, gegründet 1989 als Nachfolgerin der «Gesellschaft für Kunstpflege und Jugendbildung» (1988) hat auch eine radikale Entwicklung durchgemacht. Sie zog sich seit 2003 von den operativen Geschäften zugunsten der Arbeitsgemeinschaft (Forschung, Weiterbildung und bildungspolitische Arbeit....) zurück, um die Entschuldung der Schulvereine, die Stärkung der Altersvorsorge der Lehrerschaft und die Rationalisierung der Statistiken der Schulbewegung zu betreiben; sie wirkt unterstützend neben der Arbeitsgemeinschaft, mit der sie im engsten Kontakt zusammenarbeitet; der derzeitige Präsident ist Karl Stroppel.

Lehrerbildung in der Schweiz

Ein verbindendes Element ganz anderer Art war die Lehrerbildung. Schon von den ersten Schulgründungen ab entwickelte sich eine vielfältige Lehrerfortbildung, die sich bis in die 50er Jahre hauptsächlich in Zürich und in Dornach in verschiedenen Tagungen und Zusammenkünften abspielte.

So lud die Zürcher Schule schon im Gründungsjahr zu einem Pädagogischen Seminar ein. Neben Willi Aeppli aus der Basler Schule waren es vor allem Lehrkräfte aus Zürich, die massgeblich an diesen Veranstaltungen mitwirkten. Ein Spezifikum war, dass diese Veranstaltungen, wie überhaupt die Lehrerbildung in der Schweiz, anfänglich kaum mit der viel grösseren Schulbewegung in Deutschland mit dem Zentrum in Stuttgart in Beziehung trat.

Seit 1931 arbeitete regelmässig eine Gruppe von Lehrkräften als «Pädagogische Arbeitsgruppe am Goetheanum». Massgeblich wirkten dort mit Willi Aeppli (Basel), Curt Englert-Faye (Zürich), Friedrich Eymann (Bern), Johannes Waeger und Hans-Werner Zbinden (Zürich). Später kam Hans-Rudolf Niederhäuser aus Zürich hinzu. So fanden regelmässige Übungswochen am Goethenaum oder in Zürich statt, unter anderem auch ein ganzer Semesterkurs unter der Leitung von Willi Aeppli und Hans-Rudolf Niederhäuser 1948. Da nach dem Tode Rudolf Steiners die Leitung der Pädagogischen Sektion, die dieser innehatte, zunächst nicht besetzt wurde, konnte sich der erwähnte Pädagogische Arbeitskreis am Goetheanum als Repräsentant der Sektion empfinden. Infolge des Konfliktes um den Nachlass Rudolf Steiners verlor diese Gruppe ihre Repräsentanz am Goetheanum und verlegte ihre Aktivität nach Zürich. Seit 1951 fanden dort alljährlich die pädagogischen Sommerwochen statt, die sich wachsender Beliebtheit erfreuten und mit internationaler Beteiligung durchgeführt wurden.
Hermann Poppelbaum vom Goetheanum-Vorstand wurde zum Leiter der Pädagogischen Sektion ernannt (1949). Von den 50er Jahren an bildete sich ein mehr international ausgerichtetes Lehrerbildungszentrum in Dornach, das im Sektionszusammenhang stand und im Wesentlichen zunächst auch von am Goetheanum wirkenden Dozenten getragen wurde.

Als Pädagogisches Seminar am Goetheanum konsolidierte sich unter der Leitung von Annie Heuser (1896 – 1962), einer erfahrenen Lehrerin, 1952 diese anthroposophische Lehrerbildung. Mit Annie Heusers Krankheit und Tod wurde 1961 Georg Hartmann (1909 – 1980), der Gründungslehrer der Waldorfschule Engelberg bei Stuttgart, als Leiter des Seminars nach Dornach berufen. Im Jahre 1970 stiess Hans-Rudolf Niederhäuser (1914 – 1983) zum Kollegium des Lehrerseminars hinzu. Er kümmerte sich in der Folge neben dem methodisch-didaktischen Unterricht um alle organisatorischen Fragen, in einer ganz dienenden Art. Von da an wurde das Seminar immer mehr kollegial geführt, während bis 1970 die Leiterpersönlichkeiten Annie Heuser und Georg Hartmann als die zentralen Bezugspersonen erlebt wurden.

DIE ANFÄNGE

Pädagogische Arbeitsgruppe am Goetheanum

Rudolf Niederhäuser

Pädagogisches Seminar am Goetheanum

Annie Heuser

Annie Heuser, in Norddeutschland aufgewachsen, entdeckte während ihres Studiums in Hamburg die Anthroposophie und beschloss, Waldorflehrerin zu werden. In Stuttgart und namentlich in Berlin unterrichtete sie als Klassenlehrerin bis zum Verbot 1938. Gemeinsam mit Elena Zuccoli, mit der sie ab 1926 bis zu ihrem Tod zusammen lebte und wirkte, reiste sie nach Helsinki und baute eine Redekurs- und Vortragstätigkeit auf, mit dem Ziel einer Waldorfschulgründung. Unter abenteuerlichen Umständen lebte sie zehn Jahre in Rom, wo sie ihre grosse Begabung als Malerin entwickelte. Nach ihrer Übersiedlung nach Dornach übernahm sie 1952 im Auftrag der Pädagogischen Sektion (damals Hermann Poppelbaum) die Leitung des Pädagogischen Seminars am Goetheanum und spielte bald eine leitende Rolle in der pädagogischen Bewegung. Daneben hielt sie regelmässige Kurse an der Eurythmieschule.

Georg Hartmann

Georg Hartmann beeindruckte durch seine vielseitige Begabung, sowohl im Literarischen, Geschichtlichen, Künstlerischen – er hatte eine Ausbildung am Bauhaus in Dessau, als auch im Handwerklichen (Buchbinden, Schuhherstellung) und natürlich in der Anthroposophie. Unvergesslich sind den Seminaristen seiner letzten Unterrichtszeit die genialen, aus dem Moment geschaffenen Wandtafelzeichnungen. Zu alledem stand ihm ein stupendes Gedächtnis zur Verfügung. Seine humorvolle schwäbische Art und die herzliche persönliche Beziehung zu seinen Mitmenschen prägte auch seine Tätigkeit in der Lehrerbildung, nachdem er zuerst in Stuttgart, dann als Gründungslehrer in Engelberg bei Schorndorf als Klassenlehrer viele Jahre gewirkt hatte. Seine reiche Vortragstätigkeit im In- und Ausland führte dazu, dass er sich von dem Organisatorischen, insbesondere auch den Aufnahmegesprächen mit zukünftigen Seminaristinnen und Seminaristen zurückzog und dies Feld gerne Hans Rudolf Niederhäuser überliess.

Zwei charakteristische Elemente prägten bis in die 80er Jahre den Stil dieser Lehrerbildung. Zum einen die erwähnte internationale Ausrichtung, nicht nur in Bezug auf die Studentinnen und Studenten, sondern auch auf den Lehrkörper, von denen die meisten in einem innigen Zusammenhang mit dem Goetheanum standen. So wirkten ausser den genannten u.a. Rudolf Grosse, Manfred Schmidt-Brabant, Hildegard Gerbert, Hans Erhard Lauer, Jürgen Schriefer, Paul Eugen Schiller und Georg Maier mit. Zum anderen prägten die künstlerischen Kurse, die ebenfalls von Goetheanummitarbeiterinnen und -mitarbeitern gegeben wurden, sehr stark den Stundenplan, ganz besonders die bildenden Künste, das Plastizieren (Margret Füssel, Elke Dominik, Hans-Peter Dudler, später Sylvia Flury) und das Malen (Elisabeth Wagner-Koch).

Ein wichtiger Schritt geschah im Jahre 1974, als im aktiven Schuldienst stehende Lehrpersonen der Rudolf Steiner Schulen Basel und Zürich einen Verein gründeten, der dem Seminar einerseits die nötige wirtschaftliche und rechtliche Selbständigkeit verschaffte und das noch heute in Betrieb stehende Seminargebäude errichteten, zum anderen aber auch das Ziel verfolgten, dieses Seminar stärker mit der Schweizerischen Schulbewegung zusammenzuschliessen. Damit verbunden war auch der Schritt einer rechtlichen Verselbständigung und damit Ausgliederung aus dem direkten Goetheanumzusammenhang. All dies wurde in konstruktiven Gesprächen mit dem Seminarkollegium und dem Goetheanum-Vorstand durchgeführt. In diesem Zusammenhang bekam es auch einen neuen Namen: «Rudolf Steiner Lehrerseminar Dornach». Die Hauptinitianten dabei waren Philia Schaub, Elsbeth Theurillat, Thomas Witzemann, Heinz Zimmermann aus Basel und Andreas Dollfuss aus Zürich; im ersten Vorstand war ausserdem Edwin Kaufmann aus Bern, wenig später kam Hans Suter dazu. Der bisherige Lehrkörper blieb im wesentlichen bestehen, ergänzt durch Dozenten, die noch aktiv in der Schweizerischen Schulbewegung standen und immer mehr leitende Funktion am Lehrerseminar übernahmen (Heinz Zimmermann, Basel, der schon vorher am Seminar unterrichtete; Andreas Dollfuss, Zürich; Felix Schaub, Basel; Bernhard Aeschlimann, Biel und andere). Dadurch fand das Seminar eine grössere Verankerung in der Schweizerischen Schulbewegung, die gemäss dem föderalistischen Prinzip, das heisst von Schule zu Schule unterschiedlich, sich auch finanziell beteiligte. Es war das grosse Verdienst von Hans-Rudolf Niederhäuser, der bis zu seinem Tod (1983) die organisatorischen Belange des Seminars betreute (Korrespondenz, Aufnahmegespräche, Stundenplan), dass das Seminar zu einem Ort wurde, an dem Repräsentanten der verschiedenen Konfliktparteien der Anthroposophischen Gesellschaft (Nachlasskonflikt) in produktiver Weise in der Lehrerbildung zusammenwirkten. Er brachte es zustande, dass schon in den 70er Jahren neben Rudolf Grosse auch Hans Erhard Lauer, prominenter Vertreter der Nachlass-Gruppierung und Max Widmer, Schüler von Friedrich Eymann aus Bern, mit der «Freien Pädagogischen Vereinigung» verbunden, im Goetheanumzusammenhang unterrichteten. Im Jahre 1997 wurde ein dritter Name «Höhere Fachschule für anthroposophische Pädagogik» und ein neues stark praxisbezogenes Ausbildungskonzept von Thomas Stöckli veranlagt und ausgearbeitet, zugrundegelegt. Die beiden derzeitigen Leiter, Marcus Schneider und Thomas Stöckli, entwickelten weiter dieses Konzept auch im Hinblick auf die öffentliche Anerkennung im Zusammenhang mit der allgemeinen Umstrukturierung der Bildungslandschaft. Es wurden auch Möglichkeiten geschaffen – dank dem Portfolio – einzelne Kurse als Module zu belegen, wodurch ein vielfach differenziertes Angebot entstand. Im Januar 2007 wurde die «Höhere Fachschule für anthroposophische Pädagogik» in die «Akademie für anthroposophische Pädagogik» umbenannt um eine verstärkte Zusammenarbeit – durch die Dienstleistung von IPF (Initiative Praxisforschung) – mit der Universität Plymouth zu ermöglichen. Durch Bettina Mehrtens-Moerman entstand ausserdem ein rege besuchtes Angebot für den Vorschulbereich, auf das später noch einzugehen ist.

Höhere Fachschule für anthroposophische Pädagogik

Akademie für anthroposophische Pädagogik

Auch in Bern entwickelten sich einige kräftige Initiativen einer anthroposophischen Lehrerbildung, die mit der spezifischen Situation im Kanton Bern zusammenhängt und an die starke Persönlichkeit von Friedrich Eymann anknüpfte. Nach der spektakulären Entlassung Ey-

Freie Pädagogischen Vereinigung

manns als Dozent des kantonalen Lehrerseminars in Bern, begründet er am 25. Januar 1942 den bis in die Gegenwart bestehenden Verein in Trubschachen, die «Freie Pädagogischen Vereinigung» (FVP), der die Integration von Elementen der Pädagogik Rudolf Steiners in lokale und kantonale Schulen fördern will. Dies ist im Kanton Bern dank der offiziell gewährten Methodenfreiheit möglich. Zu diesem Zweck führte dieser Verein Tagungen und Fortbildungen zur anthroposophischen Pädagogik durch, die auch von vielen Lehrpersonen staatlicher Schulen gerne besucht wurden. Einen besonderen Ruf haben unter den verschiedenen Veranstaltungen die Fortbildungswochen, die jährlich in Trubschachen bis zum heutigen Tag stattfinden, mit internationaler Beteiligung, vom Kanton Bern als offizielle Lehrerfortbildung anerkannt. Häufig sind es ehemalige Studenten Eymanns am staatlichen Lehrerseminar, die diese Initiativen weitertragen und in Wort und Schrift für die anthroposophische Pädagogik im öffentlichen Schulwesen wirken. Hier sind unter anderem zu nennen: *Kurt Brodbeck, Ernst Bühler, Heinrich Eltz, Werner Jaggi, Robert Pfister, Charlotte Richard, Jakob Streit, Arthur Wyss.*

berufsbegleitendes Seminar in Bern

1976 wurde von Max Widmer ein berufsbegleitendes Seminar in Bern begründet. Die einige Jahre durchgeführten sogenannten Jahreskurse, die an Wochenenden stattfanden, erfreuten sich einer grossen Beliebtheit und waren in den ersten Jahren oft ausgebucht. Im Rahmen der «Freien Pädagogischen Vereinigung» führten drei Lehrer der Rudolf Steiner Schule Bern, Eckhart Dönges, Hans Hari und Edwin Kaufmann diesen Impuls weiter. Edwin Kaufmann unternahm 1988 den Versuch, ein Vollzeitseminar in Ittigen aufzubauen. Dies gelang 3 Jahre, dann übernahmen Hans Hari mit seiner Frau und Hermann Eymann, Lehrer an der Rudolf Steiner Schule Ittigen, die Leitung eines berufsbegleitenden Seminars, das viele Jahre durchgeführt werden konnte.

pädagogische Sommertagungen im Schlössli Ins

Freier Pädagogischer Arbeitskreis

An dieser Stelle sollen auch die pädagogischen Sommertagungen im Schlössli Ins erwähnt werden, die während vieler Jahre auch mit internationaler Beteiligung stattfanden. Ferner die Arbeit des Freien Pädagogischen Arbeitskreises (FPA), einer verwandten Gruppe des FPV, die im Kanton Zürich wirkt und verschiedene Tagungen organisiert (Peter Büchi, Daniel Wirz).

Berufsbegleitendes Seminar in Dornach und Wetzikon

Ende der 70er Jahre entstand in Dornach das erste berufsbegleitende Seminar, das von den TeilnehmerInnen selber verwaltet und von einer gewählten Lehrerpersönlichkeit mentoriert wurde. Die Dauer war drei Jahre. Durch Eingliederung in den Zusammenhang des Rudolf Steiner Lehrerseminars Dornach wurde diese Form der vollständigen Selbstverwaltung später wieder aufgegeben und die Ausbildung auf vier Jahre erweitert.

Weitere berufsbegleitende Seminare entstanden in Wetzikon durch Lehrpersonen der dortigen Schule, insbesondere Rosmarie Rist und Hanspeter Schmutz und in Zürich unter der Federführung von Nicolas Zbinden.

Berufsbegleitendes Seminar in Lausanne und Genf

Eine besondere Erwähnung verdient das erste fremdsprachige Seminar (1983), die «Formation pédagogique anthroposophique de Suisse romande (FPAS)». Diese Ausbildung findet abwechselnd in Lausanne und Genf statt. Hier wirkten als Initiativträger insbesondere Hermann Birkenmeier, Paul Emberson, Robert Thomas und Jürg Voellmy. Durch die Schulgründungen von Lausanne, Genf, Neuenburg und Yverdon entstand eine grosse Nachfrage nach einer pädagogischen Ausbildung in französischer Sprache. Bis heute haben weit über 130 Seminaristinnen und Seminaristen in dieser 3 1/2 jährigen Ausbildung ihren Abschluss gemacht.

Es gehört zum Charakter all dieser Lehrerbildungsstätten, dass sie auf der Basis der anthroposophischen Methodik und Menschenkunde im Zusammenhang mit einer starken Akzentuierung durch die verschiedenen Künste sich in den ersten Jahrzehnten noch wenig in die verschiedenen Stufen (Vorschulerziehung, Unterstufe, KlassenlehrerInnen, FachlehrerInnen) differenzierten. Dies änderte sich, zuerst im Bereich der Vorschulerziehung, als durch die Initiative von Elisabeth Moore-Haas der erste zweijährige Vollzeitkurs für Kindergärtnerinnen mit 12 Menschen im April 1977 begann. Elisabeth Moore-Haas verband diese Initiative von Anfang an mit der «Internationalen Vereinigung der Waldorfkindergärten e.V.» und deren geistigen Vater, Dr. Helmut von Kügelgen, langjähriger Klassenlehrer an der Freien Waldorfschule Uhlandshöhe in Stuttgart. Die Verbindung und die Zusammenarbeit mit der Rudolf Steiner Schulbewegung in der Schweiz ergab sich erst allmählich. Heute laufen jeweils 3 Lehrgänge parallel: eine praxisorientierte Vollzeitausbildung und in diese integriert auch berufsbegleitende Teilzeitseminare. Ein Kernkollegium mit Zuzug vieler kompetenter Gastdozenten verantwortet heute den Unterricht, der in Melchenbühl stattfindet.

Vorschulerziehung

Aufgrund der veränderten Familiensituation, wodurch viele Kinder schon in den ersten Lebensjahren nicht den ganzen Tag im häuslichen Umfeld aufwachsen können, entstand im Jahre 2000 an der Höheren Fachschule für anthroposophische Pädagogik neben dem Berner Kindergartenseminar ein Angebot spezifischer Ausbildungsbereiche, so wie sie auch in staatlichen Einrichtungen angeboten wurden. Dazu gehört eine Ausbildung zur Spielgruppenleiterin, die Ausbildung zu einer Erziehungsbegleiterin in der frühen Kindheit und schliesslich die Gestaltung von Ausbildungsmodulen der Elementarstufe, die sich in einen altersübergreifenden Spiel- und Lernzeitraum differenzierend gestaltet. Initiativträgerin ist Bettina Mehrtens-Moerman.

Nachdem es in der Handarbeit innerhalb des Rudolf Steiner Lehrerseminars schon seit den 80er Jahren regelmässige Fortbildungwochen gab, begründete Franziska Heitz-Ostheimer nach einer gründlichen Vorbereitungszeit die «Freie Schule für Kunsthandwerk» in Basel als eine Grundausbildung.

Freie Schule für Kunsthandwerk

Hochschularbeit — Mitte der 80er Jahre (1984) bildete sich wie schon erwähnt um Jörgen Smit, Leiter der Pädagogischen Sektion, der «Beraterkreis». In dieser Zeit wurden zahlreiche, schwierige Situationen an verschiedenen Schulen durch diese externe Hilfe gelöst oder zumindest entschärft. Unter der Leitung von Heinz Zimmermann entstanden 1991 die Hochschultagungen für Pädagogen, welche Mitglieder der Ersten Klasse der Freien Hochschule für Geisteswissenschaft sind, aus einem Impuls von Robert Thomas. Aus dieser Initiative ging 2005 eine schweizerische Sektionsarbeit mit regionalen Gruppen hervor, um die sich u.a. Andres Studer (Basel) stark bemüht hat.

Internationaler Haager Kreis / *European Council* — Von Anfang an waren die Schweizer Rudolf Steiner Schulen in einem Zusammenhang mit der internationalen Waldorfschulbewegung. In den ersten Jahrzehnten vornehmlich durch die individuellen Arbeitszusammenhänge einzelner Lehrpersonen, später auch durch Vertretung in internationalen Gremien: im 1963 begründeten Beratungskreis der Weltschulbewegung, dem «Haager Kreis», im «Internationalen Religionslehrergremium» und im «European Council». Thomas Homberger wurde der erste Vertreter der Schweiz in dem European Council.

gesamtschweizerische Weiterbildungstage — 2001 entstanden die ersten gesamtschweizerischen Weiterbildungstage (WBT) aus der Zusammenarbeit der Koordinationsstelle, der HFAP und der pädagogischen Sektion am Goetheanum, um ein regelmässiges Treffen der Lehrkräfte zu ermöglichen. In den letzten Jahren wurden diese Treffen mit der Pädagogischen Fachhochschule, Sitz Liestal, zusammen gestaltet und führten zu interessanten Begegnungen zwischen Waldorf- und Staatschullehrkräften. Das seit einigen Jahren stattfindende Juli-Treffen der KlassenlehrerInnen dient zur Vorbereitung und Weiterbildung der LehrerInnen.

Koordinationsstelle Elementarpädagogik — Die Begleitung der Waldorfpädagogik im Vorschulalter wird von Bettina Mehrtens-Moerman, (Kindergärtnerin) seit 2001 Leiterin der *Koordinationsstelle Elementarpädagogik*, wahrgenommen. Mit der Basalstufe (Thomas Marti: Bern, Luzern) wurden neue Perspektiven (bewegtes Klassenzimmer usw.) eröffnet. Die Arbeitsgemeinschaft beauftragte 1999 Roland Muff mit einem Mandat zu bildungspolitischen Entwicklungen (Qualität, Schulabschlüsse u.a.).

Medienstelle Anthroposophie Schweiz — Die *Medienstelle Anthroposophie Schweiz (MAS)*, die von Anfang an (1999) von der Koordinationsstelle und der «Stiftung zur Förderung der Rudolf Steiner Pädagogik» in der Schweiz mitbegründet wurde, schuf in den Schulen ein Bewusstsein für die Öffentlichkeitsarbeit und sorgte in diesem Bereich für eine Professionalisierung. Heute ist Christian Römelin Geschäftsführer der Medienstelle, er ist der Nachfolger von Frau Dr. Ursa Krattiger, die diese Stelle aufgebaut hat.

Initiative für Praxisforschung — Die *Initiative für Praxisforschung* von Thomas Stöckli und Urs Hauenstein (IPF) ist eine Forschungsstelle der Arbeitsgemeinschaft geworden, die pädagogische Praxis und Forschung miteinander verbindet. Sie koordiniert die Zusammenarbeit mit verschiedenen Universitäten, Hochschulen und Fachhochschulen; im Vordergrund steht die Zusammenarbeit mit der Universität Plymouth; sie ermöglicht neue Studiengänge der Waldorfpädagogik (BA- und MA-Equivalenz).

Die Zeitschrift «*Der Schulkreis*» die September 1992 aus einer Elterninitiative (Hartwig Roth und Hanspeter Buholzer) entstand und schulübergreifende Themen veröffentlichte, wurde 1996 der Schulbewegung durch die Mitarbeit der Koordinationsstelle in der Redaktion, eingegliedert. Sie ist heute die offizielle Publikation der Rudolf Steiner Schulbewegung, erscheint vier Mal im Jahr und publiziert Sonderausgaben zu Themen der Pädagogik (www.schulkreis.ch).

«Der Schulkreis»

Wenn man den Rückgang der Schülerzahl in der Schweiz betrachtet und diese ganzheitliche Pädagogik von der Vorschulstufe bis zum Schulabschluss und deren Organe luzid anschaut, sind die innovativen Schritte der letzten Jahre eindrücklich, diese Schulbewegung hat ein Potential entwickelt, das sich in vielen Bereichen spiegelt: die Befragung ehemaliger SchülerInnen von 1999 und 2007 (grosse Zufriedenheit der Ehemaligen mit ihrer Schulzeit); das neue Angebot in der Vorschulstufe: die Basalstufe und das bewegte Klassenzimmer; die Implementierung der Salutogenese, das Integrative Mittelschulkonzept; das Einführen von Qualitätsverfahren in allen Schulen, die Forschungsthemen: SchülerInnenbesprechungen, Lehrplan für Wirtschaftskundeunterricht 1. bis 12. Klasse; die künstlerischen Unterrichtsformen, die Praxisforschung, die Erziehungspartnerschaft zwischen Eltern und Lehrern, neue Formen der Selbstverwaltung (Schulleitung), und zahlreiche Projekte in verschiedenen Entwicklungsländern (Friedenspädagogik). Die Gefahr des «Stehen-bleibens» oder der «Versteinerung» wie oftmals pauschal formuliert, ist unter diesen Gesichtspunkten realitätsfremd.

ZUKUNFT

Wenn man die Entwicklung der Schulstrukturen überblickt, sieht man hauptsächlich Menschen die versuchen, soziale Fähigkeiten auszubilden und neue Zusammenarbeitsformen zu entwickeln. Diese Entwicklung war verständlicherweise nicht gradlinig. Keine Programme, keine Richtlinien sondern Initiativen, die das anthroposophische Gedankengut umzusetzen versuchten. Sie wurde jeweils stark von Individualitäten geprägt, die sich am gesellschaftlichen Bedarf und an geistigen Werten orientierten. Sie rangen um Gedankenfreiheit.

Der Satz von Goethe: «Jede Idee verliert ihre Würde, wenn sie real wird» stimmt nur, wenn sie nicht von Menschen ergriffen und durchdrungen wird; durch sie wird die Idee menschenwürdig. Die Schulbewegung in der Schweiz bleibt heute wie damals den Anregungen der «Dreigliederung» verpflichtet. Im November des Jahres 1917, mitten in den Krisen- und Kriegsjahren, hatte Rudolf Steiner die Idee der Dreigliederung zum ersten Mal in Zürich dargestellt. Die Gründung der Waldorfschule in Stuttgart 1919 wurde eine Ur-Initiative, um Gesundungsprozesse in der Gesellschaft zu ermöglichen; die Rudolf Steiner Schulen in der Schweiz und weltweit (heute ca. 1000) sind im neuen vielfältigen Weltkontext immer noch an den Gesundungsaufgaben durch die Pädagogik und die Entwicklung von neuen sozialen Formen beteiligt.

Die schweizerische Schulbewegung steht vor neuen Herausforderungen: die Staatsschulen haben verschiedene Elemente der Waldorfpädagogik – ohne Herkunftsangaben – übernommen und profilieren sich mit Frühfremdsprachen und/oder musischen Fächern; die Alternative der Reformpädagogik ist heute in der Schweiz weniger offensichtlich, als vor 20 Jahren. Nur durch die Qualitätssteigerung der Pädagogik (Aus- und Weiterbildung) und eine intensive Zusammenarbeit mit der Elternschaft können ganz neue Voraussetzungen für die Schulen geschaffen werden. Eine grössere Offensive im bildungspolitischen Bereich und eine engere Zusammenarbeit mit anderen Alternativen zum Staatsschulsystem müssen der Marginalisierung dieser Pädagogik und ihrem Sozialimpuls entgegenwirken.

Nach innen geht es einerseits um das Selbstverständnis, die ganze Pädagogik aus den Quellen der Anthroposophie als eine Erziehungskunst täglich neu zu schaffen und andererseits die adäquaten Formen der kollegialen Selbstverwaltung, die Formen der Zusammenarbeit mit den Eltern, dem Schulverein und der Öffentlichkeit sachgemäss und transparent zu entwickeln.

Blicken wir nun noch einmal auf das Spezifische der Schweizerischen Rudolf Steiner Schulbewegung in Geschichte und Gegenwart, so können wir die folgenden Charakteristika bemerken.

Begünstigt durch den Föderalismus, der allgemein eine schweizerische Eigenart darstellt, fühlen sich die einzelnen Rudolf Steiner Schulen in der Schweiz von Anfang an ganz autonom. Zusammenarbeit mit anderen Rudolf Steiner Schulen geschieht nur, wenn irgend ein Anlass von aussen dazu da ist, oder aber auf Grund von Einzelinitiativen. Gegen jede feste Organisationsform regt sich ein grundsätzliches Misstrauen.

Die Entwicklung der anthroposophischen Pädagogik in der Schweiz verläuft so, dass 20 Jahre lang nur zwei Schulen bestehen: Basel und Zürich. Dann kommt Bern dazu, eine Gründung, die stark mit der «Freien Pädagogischen Vereinigung» zusammenhängt und sich dieser gegenüber als selbständiger Organismus profilieren muss. Diese drei Schulen bilden drei Zentren, welche die folgenden Schulgründungen bis ins Personelle hinein stark prägen. Mit der starken Ausdehnung in den 70er und 80er Jahren und den damit verbundenen Schwierigkeiten bildet sich immer stärker auch das Bewusstsein einer Gemeinsamkeit. Erst dies hat zur Folge, dass man auch bis ins Rechtliche hinein zu Formen der Zusammenarbeit kommt.

Die Gefahr der Verwässerung, die mit der Ausbreitung zusammenhing, führte zu dem Ruf nach anthroposophischer Vertiefung. Es wurde der Gedanke der Pädagogischen Sektion einsichtig als einem Ort, an dem die Bedürfnisse einer inneren Verlebendigung des Gründungsgedankens ernst genommen werden. Dadurch dass sich die schweizerischen Rudolf Steiner Schulen bis heute weitgehend selber finanzieren müssen, ist die Hürde sowohl bei den Eltern, ihre Kinder in diese Schule zu schicken, als auch für die Lehrpersonen, das vergleichsweise niedrige Gehalt in Kauf zu nehmen, recht hoch. Das aber hat wieder zur Folge, dass das Selbstverständnis für den Geist einer Rudolf Steiner Schule, sowohl bei Eltern, als auch Lehrpersonen gegenüber vom Staat finanzierter Schulen grundsätzlich grösser ist. Das gilt namentlich auch für die Oberstufen, die bis vor kurzem zu keinen öffentlich anerkannten Abschlüssen führten. Diesbezüglich kündigt sich eine neue Wandlung an, da einzelne vielversprechende Initiativen der jüngsten Zeit zum Teil schon erfolgreich öffentliche Abschlüsse anstrebten (verschiedene IMS-Abschlüsse, Fachmaturität, kantonale Maturität).

DIE INTERNATIONALE SCHULBEWEGUNG

Eine Darstellung der anthroposophischen Schulbewegung in der Schweiz kann nicht gegeben werden, ohne dass ihr Zusammenhang mit der Welt-Schulbewegung gesehen wird. Die Entwicklung in der Schweiz spiegelt in einer gewissen Weise die weltweite Waldorfschulbewegung. Von der Stuttgarter Gründung ausgehend entwickelte sich der Waldorfschulimpuls zunächst in Deutschland, der Schweiz, den Niederlanden, England und Norwegen. Bis zur Mitte des 20. Jahrhunderts war das Wachstum wie in der Schweiz relativ bescheiden: 1950 gab es erst 50 Schulen weltweit. Die einzige Schule in Übersee war in New York. Zwischen 1950 und 1970 verdoppelte sich diese Zahl auf 100. In den 70er Jahren verdoppelte sich wiederum die Zahl auf 200, in den 80er Jahren auf 400 und in den 90er Jahren von 400 auf über 850 Schulen. Heute gibt es nahezu 1'000 Waldorfschulen mit schätzungsweise über 175'000 Kindern in über 60 Ländern. Hinzu kommen ungefähr 1'800 Kindergärten mit über 50'000 Kindern. Man erkennt daran entsprechend der Entwicklung in der Schweiz die bedeutende Zunahme ab 1970. In Europa machte sich ab den 90er Jahren dann wieder eine gewisse Stagnation, zum Teil sogar ein Rückgang bemerkbar, während in aussereuropäischen Ländern, wie im asiatischen Raum, aber auch in den USA und in Südamerika ein grosses Wachstum bemerkbar ist, obwohl Europa zahlenmässig mit ca. 2/3 der Schulen immer noch dominierte. Von den 70er Jahren an entwickelte sich allmählich eine Welt-Schulbewegung, indem immer mehr Schulen im aussereuropäischen Raum gegründet wurden. Ein wesentlicher Entwicklungsschritt waren ausserdem die Schulgründungen in nicht-christlichen Ländern (Israel, Ägypten, Indien, Nepal, Thailand, Japan usw.). Dadurch entstand eine weltweite Differenzierung des Lehrplanes, je nach dem kulturellen und klimatischen Umfeld und damit wurde naturgemäss der frühere Eurozentrismus kräftig in Frage gestellt.

Welt-Lehrertagungen

An den seit 1983 regelmässig im Rahmen der Pädagogischen Sektion am Goetheanum durchgeführten Welt-Lehrertagungen konnte ein solches Welt-Schulbewusstsein hautnah erlebt werden.

Internationale Vereinigung der Waldorfkindergärten

Das gleiche gilt für die «Internationale Vereinigung der Waldorfkindergärten», die regelmässig internationale Tagungen in verschiedenen Ländern und ebenfalls in einem grösseren Rahmen am Goetheanum durchführte.

Int. Haager Kreis

Es ist die besondere Bedeutung des 1970 von E. Weissert und W. Keuper gegründeten Haager Kreises, ein globales Bewusstsein der Waldorfschulbewegung weltweit zu vermitteln, indem deren Repräsentanten aus unmittelbarer Wahrnehmung der verschiedenen Weltgegenden die nötigen Gesichtspunkte einbringen können.

Freunde der Erziehungskunst Rudolf Steiners

Aber auch die seit 1971 von Deutschland aus tätigen «Freunde der Erziehungskunst Rudolf Steiners» trugen und tragen wesentliches zu diesem Welt-Schulbewusstsein bei, indem sie weltweit versuchen, neue Waldorfinitiativen durch Beratung und finanzielle Hilfe zu ermöglichen und bestehende Schulen wirtschaftlich und unternehmerisch in schwierigen Situationen zu unterstützen. Das Ausmass der finanziellen Hilfe wird ersichtlich, wenn man weiss, dass die «Freunde der Erziehungskunst» zwischen 1977 und 2000 insgesamt über 30 Millionen Euro ins Ausland weiterleiten konnten.

Der «European Council of Steiner Schools» ist der Rat der nationalen Schulbewegungen als Widerlager zur EU-Politik und allgemeiner europäischer Erfahrungsaustausch auf der Ebene der Waldorfzusammenschlüsse (Bund, Federation, Fellowship etc.) und dient als Plattform für verschiedene internationale Initiativen zur Zusammenarbeit wie WOW-Day, intertec, Schülerbegegnungen etc.

ECSWE (1991 gegründet, seit 2003 nach belgischem Recht eingetragener gemeinnütziger Verein, Sitz in Brüssel)

Die anthroposophische Pädagogik ist eine Erziehungskunst, die aus der spirituellen Vertiefung der menschlichen Entwicklung nach Ländern, Klimaten und Kulturen sich mannigfach differenziert. Aber alle, die diesem Impuls dienen, haben als gemeinsames Credo die Verpflichtung gegenüber der Unverletzlichkeit und Einmaligkeit jedes einzelnen Kindes, unabhängig von sozialen Bedingungen, der Hautfarbe, der Nationalität, der Sprache usw.
Wie es auch in der Schweiz deutlich erlebbar ist, unterscheidet sich jede Rudolf Steiner Schule von der anderen durch die Menschen, die Lebensbedingungen und das öffentliche Umfeld von der anderen Schule. Gemeinsam ist aber allen Schulen dieser Pädagogik weltweit, dem geistigen Zukunftskeim, der in jedem Kind lebt, die fruchtbaren Bedingungen für dessen Entwicklung zu schaffen.

Der «Haager Kreis» mit Vertretern aus nationalen Assoziationen in Oslo 2006:
Stehend (v.l.n.r.): Erika Taylor (Grossbritannien), Robert Thomas (Schweiz), Ursula Vallendor (Südamerika), Mikko Taskinen (Finland), Sigurd Borgs (Belgien), Stefan Leber (Deutschland), Bernd Ruf (Freunde der Erziehungskunst), Florian Osswald (Schweiz), Regula Nilo-Schulthess (Schweden),Michael Grimley (Südafrika), Christopher Clouder (European Council), Tobias Richer (Österreich), Hardwig Schiller (Deutschland)
Sitzend (v.l.n.r.): James Pewtherer (USA), Brigitte Goldmann (Intern. Kindergartenvereinigung), Gilad Goldschmidt (Israel), Hetty Hinke Huese (Holland), Schirley Noakes (Grossbritannien), Christoph Wiechert (Leiter der Pädagogische Sektion am Goetheanum), Ellen Marie Kottker (Norwegen), Peitilä Aila (Finnland), Jeppe Flumer (Dänemark)

Die Rudolf Steiner Schulen in der Schweiz – Eine Dokumentation

SCHULGRÜNDUNGEN

Reihenfolge nach Gründungsjahren

1921	Friedwart Schule	-1956
1926	Basel	
1927	Zürich	
1947	Bern	
1951	Montolieu	-1972
1953	Ins	
1955	Avrona*	
1969	Christophorus Schule (Basel)*	
1970	Biel	
1971	St.Gallen	
1973	Pratteln (Mayenfels)	
1975	Winterthur	
1976	Wetzikon	
1976	Lausanne	
1976	Adliswil	
1977	Solothurn	
1977	Lugano	
1978	Schafisheim	
1978	Chur	-2001
1978	Aesch/Dornach	
1979	Zug-Baar	
1979	Schaffhausen	
1979	Wil	
1980	Kreuzlingen	
1980	Genève/Confignon	
1981	Spiez (heute Steffisburg)	
1983	Langenthal	
1984	Neuchâtel *(-2000)*	
1984	Langnau	
1985	Albisrieden/Zürich	-2002
1985	Schaan (Liechtenstein)	
1987	Yverdon	
1988	Kleinklassenschule Bern*	
1988	Steckborn/Glarisegg	-2001
1988	Luzern	
1989	Locarno	
1989	Marbach	-2001
1989	Neue Rudolf Steiner Schule Basel (ab 1993 Münchenstein)	
1992	Regionale Oberstufe Jurasüdfuss	
1993	Schule und Beruf	
1998	Freie Oberstufenschule Baselland (FOS)	
1997	Lenzburg*	
2002	Scoula Libra in Scuol	
2003	Atelierschule (Zürich)	

*Förder- oder Sonderschulen

SCHULPORTRAITS

AARGAU AG

Rudolf Steiner Schule Aargau
Alte Bernstr. 14
5503 Schafisheim

Die Schule wurde am 24. April 1978 mit drei Klassen und den KlassenlehrerInnen: Anita Arnold, Judith u. Dieter Bigler, Fachlehrkräften: E. Jost (Handarbeit), B. Kottmann (Französisch), M. Thommen (Englisch) gegründet.

SCHULCHRONIK

1973 11. Mai, Gründung des Schulvereins durch einige Mitglieder der anthroposophischen Zweige in Aarau und Baden. Präsident: Heinz Lüscher (Bezirksschullehrer und Rektor), später Pfarrer der Christengemeinschaft, Vizepräsident: Herr Dr. Paul Schaefer (Direktor des Lehrerseminars in Wettingen). Herr Dr. Erismann, Tierarzt, späterer Schulvereinspräsident. Massgebend bei der Schulgründung haben die folgenden Menschen mitgeholfen: Herr Hünerfauth, Pionier im biologisch dynamischen Landbau, Herr Engel, Herr und Frau Pelikan und Prof. W. von Wartburg.

1978/79 Im ersten Schuljahr ist die Schule Gast im alten Gewerbeschulhaus in Lenzburg.

1979 Für das 2. Schuljahr kann Land in Schafisheim gekauft werden. Am 8. April ist die Grundsteinlegung; Umzug nach Schafisheim, alte Bernstrasse.

1980 3. Juli, Kauf der Liegenschaft Brütelgut, Gründung der Stiftung Brütelgut.

1980/85 Durch Schuleltern werden Eigenleistungen von ca. 250'000 Fr. erbracht. Der Saalbau wird vom Architekten Walter Keller aus Dornach gestaltet.

2001/02 Von der Schulgemeinschaft wird eine Task Force eingesetzt, diese leitet Prozesse ein, die zu grossen Veränderungen an der Schule führen.

2007 Auditierung durch das Qualitätsverfahren «Wege zur Qualität».

BESONDERHEIT DER SCHULE

Die Rudolf Steiner Schule Aargau arbeitet mit «Wege zur Qualität»; seit vier Jahren steigende Schülerzahl. Ganztagesbetreuung «Farfallina» ab 3 Jahren, Mittelstufe (Sekundarstufe 1) 6. – 8. Kl. mit neuem Konzept, 10. Kl. mit zwei Profilen: 1. Berufsfindung, 2. Vorbereitung auf weiterführende Schulen. Die Schulleitung besteht aus drei Mitgliedern.

Heinz Zimmermann, Robert Thomas

LENZBURG   AG

Rudolf Steiner
Sonderschule
Lenzburg
Bahnhofstrasse 19
5600 Lenzburg

Die Sonderschule wurde mit vier SchülerInnen, einer Klassenlehrerin, einer Eurythmistin und einer Handarbeitslehrerin am 1. August 1997 eröffnet.

An der Initiative der Schulgründung mitbeteiligt waren: Frau Dr. Regine Hindermann, Fachärztin Kinder und Jugendpsychiatrie, Initiantin der Idee und spätere Schulärztin, Frau Dr. Anne-Marie Aepli, freischaffende Psychologin, nach der Gründung bis 2005 Präsidentin des Trägervereins. Ingrid Denoth, Mitglied des Gründungskreises und später Handarbeitslehrerin, seit 2004 Schulleiterin und Jochen Denoth, als erfahrener Heilpädagoge gehörte er der Gründungsgruppe sowie dem Vorstand des Fördervereins bis 2003 an, Kathrin Stocker unterstützte die Schule bis 2005 als Mitglied des Trägervereins. Marianna und Joseph Lindiridi gehörten zu den ersten Initianten. Gerhard Wiedenbeck führte bis zu seinem Tod (1998) die Geschäfte und Irmgard Schaub, Heilpädagogin und erste Gründungsklassenlehrerin.

SCHULCHRONIK

1997 1. August Eröffnung der Schule in einem Einfamilienhaus am Juraweg. Mit Unterstützung von Bund (die Schule ist IV anerkannt) und Kanton kann die Schule das jetzige Gebäude an der Bahnhofstrasse 19 erwerben (ein 100jähriges Gebäude einer Schuhfabrik). Mit dem Architekten Marcel Spörri wird der Umbau geplant und durchgeführt.

2003 Die Mittel für die Klavierbegleitung in der Eurythmie müssen nun durch private Spenden aufgebracht werden.

2004 Die Struktur der Schule wird erneuert. Der Schulführungskreis wird aufgelöst und eine Schulleitung durch den Vorstand und das Kollegium eingerichtet. Strategische und operative Schulführung werden klar getrennt.

2007 Die Schule hat einen Leistungsvertrag basierend auf einem neuen Leitbild und einem Strukturkonzept.

BESONDERHEIT DER SCHULE

Die Schule versteht sich als eine kantonale Schule mit nichtstaatlicher Trägerschaft. Die finanziellen Mittel werden bis jetzt im Rahmen eines durch den Kanton bewilligten Budgets vollumfänglich von Bund und Kanton getragen. Es gibt den Trägerverein mit allen aktiv an der Schule tätigen Menschen und den Förderverein. Die Lage der Schule ist ideal, drei Minuten vom Bahnhof, da Schüler und Schülerinnen aus dem ganzen Kanton kommen. Die Räumlichkeiten sind hell und grosszügig. Die Schule verfügt über einen Saal für etwa 100 Personen, der als Essraum und Theatersaal genutzt wird. Der gesamte Komplex ist Rollstuhl gängig. Die Waage zu halten zwischen der Zusammenarbeit mit dem Kanton und der Verankerung der Pädagogik Rudolf Steiners sind Grundanliegen.

BERN/ITTIGEN BE

*Rudolf Steiner
Schule Bern/Ittigen
Ittigenstrasse 31
3063 Ittigen
Bern/Melchenbühl
Postfach 665
3000 Bern 31*

Die Schule wurde 1946 mit einundzwanzig Schulkindern, vier Klassen und vier Gründungslehrkräften eröffnet.

Dem Theologen und ehemaligen Professor für Ethik an der Universität Bern, Friedrich Eymann, 1887-1954, ist es in erster Linie zu verdanken, dass im Kanton Bern die Waldorf-Pädagogik relativ früh tiefe Wurzeln schlagen durfte. Nachdem Friedrich Eymann 1924 im Rathaus von Bern die Vorträge Rudolf Steiners über Pädagogik mit angehört hatte, begann er, nicht zuletzt auch in seiner damaligen Funktion als Lehrer für Religion am Lehrerseminar Hofwil, durch sein jahrelanges öffentlich anthroposophisches Wirken im Kanton Bern den Boden für diese Pädagogik vorzubereiten und zu beackern. 1942 wurde, hauptsächlich auf seine Initiative hin, die Freie Pädagogische Vereinigung FPV gegründet, eine Vereinigung, die sich auch heute noch aktiv für die Umsetzung der Waldorf-Pädagogik an den Staatsschulen einsetzt. Weiter wurde, ebenfalls auf seine Initiative, 1945 eine heilpädagogische Schule gegründet, der 1946 die Gründung der Rudolf Steiner Schule Bern folgte, die im Jahre 1989 ihren Namen wechselte und sich seither «Rudolf Steiner Schule Bern und Ittigen» nennt.

SCHULCHRONIK

1959   Eröffnung des Baufonds für einen Neubau (Einweihung Schulhaus in Ittigen 1978).

1964   Eröffnung der ersten 10. Klasse.

1965   Zusätzlich zum Haus an der Eigerstrasse kann die Schule die oben erwähnte Liegenschaft an der Effingerstrasse mieten.

1967   Einweihung des Pavillonsaals an der Effingerstrasse, (dieser mobile Pavillon steht seit 1992 auf dem Gelände der Rudolf Steiner Schule Lausanne).

1970   Eröffnung des ersten Kindergartens.

1971   Eröffnung der ersten 12. Klasse.

1974   Der Landwirt Werner Salzmann aus Ittigen schenkt der Schulgemeinschaft sein wunderbares Bauernhaus aus dem Jahre 1784 und zusätzlich 14'000m2 Bauland für den Neubau.

1977   Mit dem Geburtsjahrgang 1970 werden in diesem Jahr erstmals zwei erste Klassen aufgenommen. Ab jetzt wächst die Schule zur vollen Doppelzügigkeit.

1978   Umzug der «grossen Schule»: Klassen eins bis zwölf plus zwei Kindergärten nach Ittigen.

1982   Die Burgergemeinde Bern kündigt der Schule an der Effingerstrasse den Mietvertrag. «Dank» un-

Heinz Zimmermann, Robert Thomas

zähliger Einsprachen betreffend Bauvorhaben der Burgergemeinde auf ihrem Grundstück bleiben zehn Jahre Zeit bis zum Umzug.

1992 An Pfingsten dürfen die Neubauten am Melchenbühlweg im Osten der Stadt Bern, wiederum auf einem Grundstück der Burgergemeinde, eingeweiht und bezogen werden.

1999 Nach mehreren Jahren intensiver Gespräche und Verhandlungen mit den entsprechenden Vertreterinnen und Vertretern des Kantons, wird es möglich, dass Absolventinnen und Absolventen der 12. Klassen ab jetzt – von den Lehrern vorbereitet und empfohlen – prüfungsfrei in ein Probesemester einer Sekunda in ein bernisches Gymnasium übertreten können.

2000 Die Schule am Melchenbühlweg wird bis zur 10. Klasse ausgebaut.

2002 Die Stufe der Schuljahre zehn – zwölf wird als «Integrative Mittelschule IMS» bezeichnet. Diese Bezeichnung wird der Tatsache gerecht, dass die Klassen nach wie vor nicht in Leistungsklassen aufgeteilt werden, denn der Unterricht wird innerhalb der einzelnen Klassen differenziert erteilt.

2003 Eröffnung der Basalstufe im Schulhaus am Melchenbühlweg in Bern. Die Basalstufe ist ein wissenschaftlich begleitetes Pilotprojekt zur Einschulung und umfasst den zweijährigen Kindergarten sowie die Schuljahre eins und zwei.

2003 Eröffnung einer Tagesschule am Melchenbühlweg.

2004 Eröffnung einer Tagesschule in Ittigen.

BESONDERHEIT DER SCHULE

«Wenn einmal das Verständnis dafür erwacht sein wird, dass der heutige Mensch inmitten einer staatlich bestimmten Kultur beständig der Gefahr ausgesetzt ist, geistig zu verwahrlosen, weil ihm von Jugend an, trotz aller Überorganisation des Erziehungswesens, die geistige Nahrung nicht mehr zuteil wird, deren er bedarf, um Mensch sein zu können, ... dann stehen wir vielleicht am Vorabend einer Befreiung des Geisteslebens aus der staatlichen Umklammerung!»

Prof. F. Eymann «Kulturerneuerung und Erziehung» 1946

KLEINKLASSENSCHULE BERN — BE

Rudolf Steiner Kleinklassenschule Bern, Eigerstr. 24 3007 Bern

Die Schule wurde im August 1988 mit zwei Schülern und einer Klassenlehrerin gegründet.

SCHULCHRONIK

1988 — Der Schulbetrieb wird in drei gemieteten Räumen an der Eigerstr. 24 aufgenommen, die Schule wird durch zwei interessierte Eltern, eine anthroposophische Heilpädagogin, eine Primarlehrerin, eine Heileurythmistin und eine Eurythmistin gegründet. Es entsteht der Verein «Kleinklassenschule».

1991 — Zwei weitere Klassen kommen dazu. Ein zweites Stockwerk wird dazugemietet.

1994 — Durch die Auswirkung des Bundesgerichtsentscheids (Streichung der IV-Gelder im Einzelfall (gesamtschweizerisch) beginnt die Schülerzahlen kontinuierlich zu sinken.

1995 — Erreicht die Schule ihren quantitativen Höchststand: 5 Klassen, 34 SchülerInnen, 16 MitarbeiterInnen (Voll- und Teilzeit) in Unterricht, Therapie und Verwaltung.

2001 — Wird wieder ein leichter Anstieg wahrgenommen (26 Kinder, 4 Klassen). Das Interesse der Hilfe suchenden Eltern an der Schule war noch nie so gross.

2002 — Die Lehrerin Frau Tschabold erlangt das Diplom für Heilpädagogik. Es fliessen aber nicht die erwarteten Beiträge für die ganze Klasse sondern nur Beiträge für die Sonderschulung im Einzelfall.

2004 — Aus finanziellen Gründen steht eine Schliessung der Schule für 2005 bevor.

2004 — Dezember, der Vorstand erarbeitet eine Weiterführungsvariante für das Fortbestehen der Schule, die Schule wird redimensioniert und mit je einer Klasse in der Mittelstufe (9 Kinder) und Oberstufe (9 Kinder) ab Februar 2005 weiter geführt. Die Unterstufe wird wegen zu niedriger SchülerInnenzahlen geschlossen.

2005 — Die Schule hat sich auch räumlich verkleinert. Durch die natürlichen SchulabgängerInnen sind 13 SchülerInnen an der Schule, nach wie vor ist eine rege Nachfrage nach Schulplätzen vorhanden.

2006 — Frau Grossrätin Kathy Hänni will eine Motion, zwecks Unterstützung von Sonderschülern an Privatschulen im Einzelfall, durch den Kanton erwirken.

BESONDERHEIT DER SCHULE

Die Schule will auf Grund anthroposophischer Pädagogik Kindern mit Lernschwierigkeiten helfen, ihren Weg zu finden.

BERNER OBERLAND   BE

Rudolf Steiner Schule Berner Oberland Astrastr. 15 3612 Steffisburg

Die Schule wurde am 16. April 1981 mit 10 Kindern (Kindergarten + 1. Klasse) gegründet

Das erste Kollegium bestand aus: Bruno Mühlemann (Gründungslehrer), Heinz Rubin, 2. Lehrer, Pia Keller, erste Kindergärtnerin und Therese Hugi (Stellvertreterin für ein Jahr von Herrn Mühlemann), dann Handarbeit und Eurythmie. Im Vorstand der Rudolf Steiner Schule Berner Oberland waren die folgenden Persönlichkeiten mitbeteiligt: Ernst Meyer, erster Präsident, langjähriges Mitglied der Freien Pädagogischen Vereinigung; Franz Aebi, Herbert Buchs, Max Frutiger, Christian Leuzinger, Rosa Maeder (Lehrerin FPV), Heinrich Eltz (Lehrer FPV), Robert Pfister (Lehrer FPV), Fritz Eymann (Lehrer FPV), Hans Feller und Elisabeth Allenbach.

SCHULCHRONIK

1978 — Eltern ergreifen die Initiative zur Gründung einer Rudolf Steiner Schule Thun: die Herren Franz Aebi (Heimschule St. Michael) und Christian Leuzinger (Freie Pädagogische Vereinigung) werden von dem Künstlerpaar H. Buchs und B. Mühlemann unterstützt. Zu ihnen stossen Lehrkräfte wie Rosa Maeder, Heinrich Eltz, Robert Pfister, Fritz Eymann und Ernst Meyer, welche seit vielen Jahren in der Bernischen Staatsschule die Pädagogik Rudolf Steiners zu verwirklichen suchen.

1979 — Am 25. April, wird der Schulverein gegründet. Eine der ersten Taten ist die Durchführung einer pädagogischen Ausstellung in Thun, Zweisimmen und Interlaken, Sommer bis Herbst 1979, um die Bestrebungen einem möglichst breiten Publikum bekannt werden zu lassen. Es werden Schülerarbeiten der Rudolf Steiner Schulen Bern und Biel, so wie von Mitgliedern der Freien Pädagogischen Vereinigung (FPV) des Kantons Bern zur Verfügung gestellt.

1980 — Im Sommer kann – zunächst auf privater Basis- in Steffisburg ein Rudolf Steiner Kindergarten eröffnet werden, der von Frau Pia Keller geführt wird.

1981 — Die erste Klasse mit zehn Kindern kann in einem dafür von den Eltern hergerichteten Zimmer des Hotels Terminus in Spiez im Frühling eröffnet werden. Aber B. Mühlemann kann nicht unterrichten, weil die Erziehungsdirektion des Kantons Bern verlangt, dass die leitende Lehrkraft staatlich patentiert ist. Frau T. Hugi, welche viele Jahre an der Staatsschule im Sinn der Pädagogik Rudolf Steiners unterrichtet hatte, führt die Klasse ein Jahr. Eingliederung des Kindergartens in die Schule.

1982 — Tritt Heinz Rubin ein.

Da er staatlich patentiert ist, kann Bruno Mühlemann nun die Anfangsklasse, im Einverständnis mit Frau Hugi übernehmen. Sie unterrichtet noch längere Zeit Handarbeit und Eurythmie. Im «Terminus» bleibt die Schule nur ein Jahr. Unterdessen kann das Niederli, ein Einfamilienhaus im Buchtgebiet käuflich erworben werden. Schon ein Jahr später wird es hier zu eng, es ist möglich, an der Seestrasse, in der Nachbarschaft, einen Raum zu mieten.

1983 Im Herbst ist es dann möglich, das Hotel Erika zu kaufen.

1984 Im Frühling zieht die Schule ein, der Umbau wurde zum grossen Teil von Eltern geleistet.

1981-88 In den ersten sieben Jahren geht es die Schule finanziell gut, es gibt viel zahlende Mitglieder, die nicht Kinder in die Schule schicken, so dass die Eltern wesentlich entlastet werden. Mit dem Wachsen der Schule ändert sich das Verhältnis, immer grössere Beiträge müssen von den Eltern gefordert werden.

1991 Ab August wird es möglich, die 10.-Klässler nach Bern-Ittigen zu schicken, damit sie ihre volle Waldorfschulzeit absolvieren können.

1997 Umzug nach Steffisburg.

1997 Beginn der Arbeit mit «Wege zur Qualität» von Udo Herrmannstorfer

2005/06 Engere Zusammenarbeit mit Bern/Ittigen in Integrierten Mittelschulen- (IMS) und Oberstufenfragen.

BESONDERHEIT DER SCHULE

Die Schule ist Teil einer regionalen Oberstufe und die SchülerInnen gehen für die 11. und 12. Klasse nach Bern-Ittigen. Es gibt auch eine Elementarstufe (Kindergarten bis 3. Klasse).

BIEL

BE

*Rudolf Steiner
Schule Biel
Schützengasse 54
2502 Biel*

Die Schule wurde am 20. April 1970 mit 60 SchülerInnen gegründet. Dr. Kurt Brotbeck, Francis Engel, Hans Leuthold, Hans Brechbühler, Antoinette Bieri, Katharina Stoltz, Ernst Bühler, Werner Jaggi, Dr. Peter Weidmann, Verena Tschanz, Alain Bacchetta und Hans Flückiger bildeten den ersten Vorstand der Schule und schufen in kurzer Zeit die Statuten in der Städtischen Musikschule am 15. November 1967 – dort wo Professor Eymann immer gesprochen hatte; es fand dort auch die Gründungsversammlung statt. Das Lehrerkollegium bestand in den ersten Jahren aus folgenden Persönlichkeiten: Bernhard Aeschlimann, Primarlehrer, (5./6. Klasse), Antoinette Bieri, Sekundarschullehrerin, (3./4. Klasse), Elisabeth Bühler, Primarschullehrerin (1./2. Klasse)

SCHULCHRONIK

- 1967 Gründungsversammlung der «Vereinigung der Rudolf Steiner Schule Biel».
- 1969 Kauf des Gebäudes im Falbringen Quartier und Beschluss, die Schule auf Frühjahr 1970 zu eröffnen.
- 1970 20. April, Eröffnungsfeier der Schule, der Unterricht beginnt mit 60 Kindern.
- 1971 Der neu errichtete Pavillon an der Pilatusstrasse nimmt die oberen Klassen auf.
- 1972 Erwerb der Liegenschaft «Rosenheim».
- 1973 Die Schule zieht in das «Rosenheim Schulhaus» ein.
- 1980 Die Schule zählt 250 SchülerInnen.
- 1983 Beginn der Oberstufe mit der 11. Klasse, zugleich kleinere Schüleranzahl in den unteren Klassen.
- 1985 Krisenjahr: drei Klassen werden zusammengelegt und Lehrkräfte müssen die Schule verlassen.
- 1991/92 Letzte 12. Klasse in Biel. Ablösung durch die Regionale Oberstufe Jurasüdfuss in Solothurn (ROJ).
- 1993/94 Einführung der 5 Tage Woche.

BESONDERHEIT DER SCHULE

Die Schule ist Teil einer regionalen Oberstufe und die Schülerinnen gehen für die 11. und 12. Klasse nach Solothurn (Mittelschule Jurasüdfuss).

Die Rudolf Steiner Schulen in der Schweiz – Eine Dokumentation

OBERAARGAU BE

*Rudolf Steiner
Schule Oberaargau
Ringstr. 30
4900 Langenthal*

Am 23. April 1983 eröffnete die Oberaargauer Schule ihren Betrieb. 22 Kinder in zwei Doppelklassen (1./2. und 3./4.) Der Kindergarten zählte 25 Kinder. Die Schule wuchs jedes Jahr um eine weitere Klasse. Die Gründungseltern waren: G. u. E. Egger, G. u. A. Spotti, B. u. R. Witschi, M. u. W. Häusermann, F. u. R. Schlatter. Die Gründungslehrer waren: D. Steinbach 1./2. Klasse, M. Gaberell 3./4. Klasse, H. Baud Eurythmie, später Klassenlehrer. Es folgten danach A. Rahmen, A.C. Schaetti.

SCHULCHRONIK

- 1983 Eröffnung der Schule am 23. April
- 1992 Nach Jahren der Diskussionen, Umorganisierungen und durch die Hilfe des Wirtschafts- und Sozialwissenschafters Udo Hermannstorfer werden die Statuten geändert und das Lehrerkollegium erhält die Kompetenz, die Schule selbst zu verwalten.
- 1992 Es entsteht in Solothurn die ROJ (Regionale Oberstufe Jurasüdfuss) mit den Stammschulen Biel, Solothurn und Langenthal. Dies ist ein Impuls, der sowohl pädagogisch wie räumlich das regionale Bewusstsein stärkt und erweitert.
- 1990-96 Die wachsende Schule sprengt ihre Raumhüllen, die Gründungsschüler haben das Oberstufenalter erreicht und dies zwingt die Schule dazu, für die 8. bis zur neuen 10. Klasse in Mieträumen eine «dépendance» zu eröffnen.
- 1998 März, man beginnt von Bauimpuls zu sprechen. Ein freudiges Ereignis beschwingt die Schulgemeinschaft, es ist die Grundsteinlegung zum «Werkgebäude», ein gelungener und schlichter Neubau gibt heute zwei Klassen grosszügigen Raum. Die Raumfrage der Langenthaler Schule ist bis heute noch nicht vollends gelöst. Eine Gruppe initiativer Eltern prüft Schritte für die weitere Zukunft.
- 1992 Es obliegt dem Kollegium die gesamte Führung der Schule.
- 2003 Die Eltern übernehmen auch Verantwortung in der Schulführung.
- 2005 Eine Oberstufe mit den Klassen 8 bis 10 wird gebildet, die KlassenlehrerInnen führen die Klassen bis in die 7. Klasse.

BESONDERHEIT DER SCHULE

Das Lehrerkollegium hat sich zu einer einfachen Gesellschaft verbunden. Die Eltern und Lehrer bilden gemeinsam den Trägerverein. Ein Vertrag regelt die Zusammenarbeit zwischen Lehrern (Einfache Gesellschaft) und Verein. Die Schule ist Teil der regionalen Mittelschule Jurasüdfuss. Die Oberstufe in Langenthal wird bis zur 10. Klasse geführt. In der 9. und 10. Klasse führen die Schüler Praktika durch wie: Landwirtschafts- Berufs-, Umwelt- und Industriepraktikum.

Heinz Zimmermann, Robert Thomas

OBEREMMENTAL — BE

Rudolf Steiner Schule Oberemmental Schlossstr. 6 3550 Langnau i.E.

Die Schule wurde am 29. Januar 1984 gegründet, die Einweihungsfeier fand am 15. April 1984 mit sechs Kindern, einer Klassenlehrerin, einer Eurythmielehrerin und einer Handarbeitslehrerin, statt.

Es entstand 1981 in zwei verschiedenen Gruppen das Bedürfnis nach einer Rudolf Steiner Schule. Auf einer Seite, die Bauern-Dreigliederungsströmung mit P. Blaser, H. Lory, H. Iseli, O. Rudaz und weiteren Menschen, auf der anderen Seite die Freie Pädagogische Vereinigung-Lehrer-Anthroposophischer Zweig mit G. u. H. Utzinger, A. Mosimann, R. u. D. Trauffer. E. Neuenschwander und D. Zürcher. Nachdem eine erste Gründungslehrerin, Lilly Reck verhindert war, begann Kathrin Zaugg als eigentliche Gründungslehrerin den Schulunterricht.

SCHULCHRONIK

1984	29. Januar, Schulgründung, 15. April Eröffnung der Schule.
1984	Ende des Jahres kauft der Verein die Liegenschaft an der Schlossstrasse 6 (heutiges Schulhaus) und die Schulklasse wird dorthin gezügelt.
1985	Eröffnung des Kindergartens.
1986/87	Umbau des Waschhauses in einen Kindergarten; Umbau des Kellers in ein Kleintheater.
1989	Errichtung des Werkraumes und des Schulgartens.
1990	Ausbau 1. Stock im Schulhaus zu zwei Klassenzimmern, Renovation des Treppenhauses.
1993	Die Schule hat 150 Schülerinnen und Kindergartenkinder.
1994	Das Bauprojekt an der Schlossstrasse wurde nicht umgesetzt
1996	Kauf eines Pavillons mit Saal, welcher im Baurecht aufgestellt wurde
2006	Der Verein kauft die beiden Nachbarliegenschaften an der Schlossstrasse, den «Däntsch» (Restaurant und Wohnungen) und die «Steiner Villa» (Wohnungen). Es besteht nun ein Ausbaukonzept um die Schule an diesem Standort zu zentralisieren und hier auch einen Saal und zusätzliche Schulräume zu bauen.
2006	Die Schule hat 69 SchülerInnen, 26 Kindergärtnerkinder und 77 SchülerInnnen in der Integrative Mittelschule und Fachmittelschule der Schulen von Biel, Langenthal und Solothurn.

BESONDERHEIT DER SCHULE

Das Lehrerkollegium ist das Zentrum und die Leitung der Schule. Alle anderen Organe z.B. Vereinigung, Arbeitsgruppen, Elternschaft sind «nur» Hilfen für das Kollegium. Ein Grundsatz galt von Anfang an: «Nur ein Lehrer/ Lehrerin, welche/r sich selbst verwalten kann und somit auch Unternehmer/in ist, weiss etwas vom realen Leben und kann es an die Kinder weitergeben.» Von Anfang an wurde die Schule mit einer offenen Buchhaltung geführt.

SCHLÖSSLI INS BE

Rudolf Steiner Schule Schlössli Ins Schul-und Heimgemeinschaft 3232 Ins

Die Schule wurde am 29.September 1953 mit 120 SchülerInnen, vom Kindergarten bis zur 10. Klasse (70 interne und 50 externe SchülerInnen) gegründet.

SCHULCHRONIK

1953 Beginn in einem alten Patrizierhaus aus dem 16. Jahrhundert mit Park; heute über 20 umgebaute Herrschafts- und Bauernhäuser zu Wohn- und Schulzwecken. Robert Seiler und Ruth Seiler-Schwab führen die Entwicklung des Heimes. Ruth Buchmann (Eintritt 1958) und der Arzt Werner Belart prägen stark die 50er Jahre.

1963 Freies heimpädagogisches Seminar Schössli Ins. Walter Chylé, Anne Schweizer, Heidi Wuhrmann, Annemarie Rydli, Verena Tanner, Christa Schumacher, Katharina Tarelli, Michel und Holle Seiler prägen durch ihre intensive Mitarbeit die nächsten Jahre.

1972-2007 Ueli Seiler-Hogova leitet die Entwicklung des Heimes.

Robert und Ruth Seiler

BESONDERHEIT DER SCHULE

Robert Seiler: «Ich wollte ein Heim gründen, für Kinder, die es schwer im Leben haben. Für Aussenseiter und solche, die als extrem schwierig galten und dadurch nirgends mehr eine Heimat fanden»

Das Schlössli Ins wurde stets als Heimschule (Internat) geführt, soziale Gemeinschaft mit klaren Tages-, Wochen-, Quartals und Jahresritualen und Strukturen. Die Häuser werden von der Heim eigenen Bauhütte renoviert, ausgebaut und neu gebaut. Die Kinder und Jugendlichen helfen motiviert mit. So entsteht eine intensive Werkgemeinschaft. Die Schule bietet die Möglichkeit Kinder und Jugendliche zu fördern, welche spezielle Schwierigkeiten haben (Schulverweigerer, Lernstörungen, Verhaltensschwierigkeiten, Beziehungsstörungen in der Familie und Schule u.s.w.). Individuelle Förderung in der Schule und im Heim. Personalintensive Betreuung (120 SchülerInnen, 110 MitarbeiterInnen).

Landwirtschaft, Therapeutikum mit anthroposophischem Arzt, Bioladen und ein Freies heimpädagogisches Seminar Schössli Ins (seit 1963), ein dreijähriges ErzieherInnen-Seminar, bilden die Gemeinschaft von Schlössli Ins. Es gibt 110 MitarbeiterInnen, 70 interne und 50 externe SchülerInnen.

Heinz Zimmermann, Robert Thomas

BIRSECK BL

*Rudolf Steiner Schule
Birseck
Apfelseestrasse 1
4147 Aesch/Dornach*

Die Schule wurde 1978 gegründet, nachdem vorauszusehen war, dass die Basler Schule in Zukunft nicht mehr alle angemeldeten Kinder würde aufnehmen können.

SCHULCHRONIK

1978   Die Gründungsversammlung des «Vereins der Rudolf Steiner Schule Birseck» findet am 10. Februar statt. Der Schulbetrieb beginnt Ostern 1978 mit einer 1. Klasse von 20 Kindern. Heinz Albrecht ist Klassenlehrer, H. Kuhn, Handarbeitslehrerin, Cara Groot, Eurythmielehrerin, Dr. Brigitte Biesantz, Schulärztin und Herbert Hessen der Gründungslehrer aus Basel.

1978   Der Beschluss einer Schulgründung und der Entwurf für die Statuten des Schulvereins findet am 30. Januar statt. Weitaus die meisten Anmeldungen kommen aus der Umgebung von Dornach; es war klar, dass der Standort der neuen Schule im Umkreis des Goetheanums zu suchen ist.

1979   Nach einem Jahr in der Steiner Schule Basel können im Sommer gebrauchte Baracken in Dornach als Provisorium bezogen werden.

1985   Die Suche nach einem endgültigen Standort erweist sich als schwierig und findet erst 1985 den Abschluss durch den Kauf einer stillgelegten Textilfabrik in Aesch. Im Winter werden innert weniger Monate die ersten Schulräume eingerichtet und von den oberen Klassen bezogen, während die Kleinen (1. bis 5. Klasse) noch weitere drei Jahre im Provisorium verbleiben. Unterdessen werden mit viel Schwung die dunklen Fabrikräume, die Büros und die staubigen Lagerhallen mit Hilfe von Eltern, Schülern, Freunden und Lehrern in helle Klassenzimmer, stilvolle Fach- und Werkräume verwandelt.

1989   Durch den Umzug der «neuen Basler Schule» nach Münchenstein und den allgemeinen Rückgang der Schülerzahlen wird es prekär im Birseck; es beginnt die Fusion der Arlesheimer und Birsecker Schule. Mehrere Jahrgänge werden doppelt geführt und der Aufbau der Oberstufe beginnt. Die Gründung von «Schule und Beruf» 1993 und später der Freien Oberstufe Baselland (FOS) führen in der Region zusammen mit der Rudolf Steiner Schule Basel zu einem Überangebot im Bereich der Oberstufe. Ein Schülerrückgang ist zunächst die direkte Folge; heute bietet die Schule mit 12 Klassen wieder das ganze pädagogische Angebot.

BESONDERHEIT

Die Schule steht gegenüber dem Bahnhof Aesch (BL) im Tal der Birs auf dem Boden der Gemeinde Duggingen, die, weil im Laufental gelegen, damals zum Kanton Bern gehörte. Das Grundstück grenzt an den Kanton Solothurn, aus dem auch mehr als die Hälfte der SchülerInnen stammen. Das Goetheanum ist in Sichtweite und die Stadt Basel ist nur zehn Kilometer entfernt. Trotz dem grossen Angebot an Rudolf Steiner Schulen in der unmittelbaren Umgebung hat die Schule ihr eigenes Profil entwickeln können.

FREIE OBERSTUFE BASELLAND   BL

Freie Oberstufen-
schule Baselland
(FOS)
Gründenstr. 95
4132 Muttenz

Die Schule begann im August 1998. Die Schulgründer sind Daniel Baumgartner, Thomas Wolf und Martin Schaffner, zwei Jahre später kam Claude Weinstock.

SCHULCHRONIK

1998   Frühjahr, die Freie Oberstufenschule wird als Verein gegründet, zusammen mit den Rudolf Steiner-Schulen Mayenfels in Pratteln und Münchenstein. Die FOS bildet gemäss Vertrag für die beiden «Mutterschulen», die Oberstufenzeit bis hin zum Mittelschulabschluss.

1998   Sommer, Beginn des ersten Schuljahres der FOS mit zwei zehnten Klassen und jeweils einer elften und einer zwölften Klasse.

2000   Sommer, die Schule ist mit sechs Klassen voll ausgebaut.

2006   Sommer, Beginn eines Pilotprojektes in Zusammenarbeit mit der Waldorfschule Lörrach für den Übertritt in die Abiturklasse für SchülerInnen der FOS, die eine entsprechende Vorbereitung absolviert haben. Parallel dazu bietet die FOS Maturavorbereitungskurse an und verfügt über Aufnahmeverträge mit den Gymnasien in den Kantonen BS und BL (Eintritt in die letzte Maturaklasse aufgrund Empfehlung).

BESONDERHEIT DER SCHULE

Die FOS ist eine doppelzügige Schule für Jugendliche und führt die Klassen 10, 11 und 12. Hervorgegangen ist sie aus dem Projekt, in der Nordwestschweiz ein regionales Oberstufenzentrum aufzubauen. Die FOS macht neben dem allgemeinen Schulangebot für alle Niveaustufen auch ausgedehnte Projektangebote im Bereich der ökologischen Mobilität (FOSVelos, FOSSailing). Ein Jahr lang baut eine Gruppe von ausgewählten SchülerInnen ein Liegerad, unternimmt eine ausgedehnte Tour nach Jugoslawien und Griechenland, wo dann eine Reise auf zwei Katamaranen, die ebenfalls in der FOS gebaut wurden, stattfindet. Die Schule wird vom Lehrerkollegium verwaltet. Alle Eltern sind Mitglied im Schulverein.

MAYENFELS — BL

*Rudolf Steiner
Schule Pratteln
Mayenfels
4133 Pratteln*

Die Schule wurde am 28. April 1973 mit sechzig Kindern (Kindergarten, 1. und 2. Klasse) eröffnet. Herr und Frau Dessecker sind massgebend beteiligt an der Gründung der Schule. Julius Dessecker Waldorfschüler in der ersten Waldorfschule Stuttgart wurde Architekt und widmete sein ganzes weiteres Schaffen diesem neuen pädagogischen Impuls. Die Verbindung zu seiner Frau Edith Dessecker-Gadient führt ihn 1948 an die Rudolf Steiner Schule in Basel. Mitte der Siebzigerjahre verliess er die Schule am Jakobsberg und wurde Gründungslehrer der Mayenfelsschule. Edith Dessecker-Gadient war zunächst Staatsschullehrerin und 1944 Klassenlehrerin an der Rudolf Steiner Schule Basel. Sie engagierte sich in Mayenfels und pflegte besonders die Sprache und die Betreuung von Kindern mit Sprachproblemen.

SCHULCHRONIK

1971	Januar bis Dezember, Podiumsgespräche zum Thema «Frühlernen»: Referenten: Dr. R. Schläpfer, J. Dessecker, G. Hartmann, T. Hotz, Dr. Sigg.
1972	5. Januar, Gründung des Rudolf Steiner Schulvereins Baselland durch Lehrer und Eltern der Basler Schule und Freunden, u.a.: Edith und Julius Dessecker, Helene und Ruedi Haas, Irene Gygax, Fredy Ott, Hansruedi Bischler, Thomas Jensen, Martin Schüpbach.
1972	11. Oktober, das Erziehungsdepartement Baselland erteilt die Bewilligung zur Führung einer Rudolf Steiner Schule.
1973	Eröffnung der Schule am 28. April im Genossenschaftshaus des Freidorfes in Muttenz, Eltern und Freunde richteten die Schulräume her. 1973: 2. Mai, erster Schultag der 60 Kinder. LehrerInnen: Elisabeth Thommen, Irene Gygax, Helene Haas, Leonie Folgmann (Eurythmie) und Frau Dr. Rediger (Schulärztin).
1974	22. April, Beginn des Umzuges mit 130 Schülern ins Schloss Mayenfels, Pratteln (als Untermieter der Ciba-Geigy, die auf dem Mayenfels ein Lehrlingsheim unterhält). Beim Umbau am Ostflügel des Mayenfels arbeiten wiederum Eltern und Freunde mit.
1974	Herr Wüthrich, Landwirt, stellt eine alte Liegenschaft für den Kindergarten 10 Jahre zinsfrei zur Verfügung.
1976	Übergang des Schlosses Mayenfels in den rechtmässigen Besitz des Schulvereins (Verkäufer: Herr Jacobs, der kurz nach Vertragsabschluss stirbt).
1981	Eine 12-klassige Schule mit 2 Kindergärten (27 Kindergartenkinder u. 331 SchülerInnen)

1983	Von Eltern wird ein Mittagstisch eingerichtet und geführt.
1983	In Rheinfelden wird ein autonomer Kindergarten eröffnet, der pädagogisch mit dem Mayenfels zusammenarbeitet.
1985	11. Dezember, der Landrat bewilligt mit 66 zu 3 Stimmen ein zinsloses Kantonsdarlehen in der Höhe von Fr. 2.500.000,- (Vorlage des Regierungsrates vom 17. Juli 1985).
1986	In Sissach wird ein zweiter autonomer Kindergarten eröffnet, der pädagogisch mit dem Mayenfels zusammenarbeitet.
1998	Beginn der Freien Oberstufenschule in Muttenz 9. – 12. Kl.
2003	Der Mayenfels erhält mit der Hilfe von Frau Anderegg zum Teil neue Strukturen, eine Schulleitung wird eingesetzt, der Schulverein wird verkleinert (nur noch LehrerInnen und in Kommissionen mitarbeitende Eltern).
2005	Im Park wird ein Holzpavillon für die 9. Klasse erstellt.
2006	Eröffnung des Kinderhauses Mayenfels mit Mittagsbetreuung für 1. bis 5.-Klässler.

BESONDERHEIT DER SCHULE

Der Mayenfels ist innerhalb von 8 Jahren von 60 auf 330 Kinder gewachsen, musste schon nach vier Jahren eine Oberstufe aufbauen, dabei bei vollem Schulbetrieb ein altes Gebäude aushöhlen, umbauen, erneuern, verschönern. Dies erforderte während vieler Jahre einen riesigen Einsatz von der Eltern- und der Lehrerschaft. Nun ist etwas Ruhe eingetreten. Die Schule befindet sich oberhalb von Pratteln, im «Grünen», mit Blick einerseits auf die Industrie, andererseits in die wohltuende, heile Natur mit Park, Schafen und Zebras. Für die Schüler und Lehrer eine ruhige Lage und intakte Umgebung. Ideal für den Gartenbau. Schulweg vom Bahnhof und Tramstation 20 Min. zu Fuss.

MÜNCHENSTEIN — BL

Rudolf Steiner
Schule
Münchenstein
Gutenbergstr. 1
4142 Münchenstein

Die Schule wurde 1989 aus einer Elterninitiative mit etwa 100 Kindern gegründet.

Der Impuls zu dieser Schulgründung entstand aus der Tatsache, dass rund hundert Kinder, die gerne einen Schulplatz an der Rudolf Steiner Schule Basel gehabt hätten, abgewiesen werden mussten. Ingrid von Schmidt, erfahrene Pädagogin, wurde die Schulgründerin.

SCHULCHRONIK

1989-1993
Die Schule ist unter dem Namen «Neue Rudolf Steiner Schule Basel» in provisorischen Räumlichkeiten in Basel untergebracht.

1993
Ostern, zieht sie nach Münchenstein ins Gebäude der ehemaligen Haas'schen Schriftgiesserei. Das originelle Fabrikgebäude – ein Zellenbau mit Kreuzgewölben und einem charakteristischen Innenhof – gibt der Schule ein besonderes Gepräge.

1989-1996
Die ersten sieben Jahre in der Biographie der Schule sind von den typischen Merkmalen einer Pionierphase geprägt: von viel Engagement und Enthusiasmus, Kraft und Aufbauwille aber auch von Überforderung der Kräfte und noch wenig strukturierten Abläufen. In der Mitte der 90er Jahre durchläuft die Schule ihre bisher schwerste Krise, welche durch eine intensive Strukturarbeit in Begleitung eines externen Beraters erfolgreich bewältigt werden kann. Die Schule gibt sich eine Führungsstruktur.

1998
Die Schule erfährt eine wichtige Erweiterung. Zusammen mit der Schwesterschule Mayenfels (die Rudolf Steiner Schule in Pratteln) wird eine gemeinsame Oberstufenschule gegründet, sie befindet sich in Muttenz und nennt sich Freie Oberstufenschule Baselland FOS. Diese Schule ist pädagogisch unabhängig, finanziell wird sie aber weitgehend von den beiden Mutterschulen Mayenfels und Münchenstein getragen.

2002
Mit einem externen Berater wird eine Evaluation der Schulstrukturen vorgenommen. Diese zeigt, dass sich die neue Schulstruktur bewährt hat, so dass die Schule in den letzten Jahren sowohl strukturell wie auch finanziell in eine deutlich stabilere Phase eingetreten ist.

2002
Im August eröffnet die Rudolf Steiner Schule Münchenstein ihren zweiten Kindergarten in Arlesheim.

BESONDERHEIT DER SCHULE

Oberstes Organ der Schule ist die Mitgliederversammlung (Legislative). Das Zentralführungsorgan (Exekutive) ist der Schulvereinsvorstand. Darin sind die LeiterInnen aller wichtigen Arbeitsgruppen vertreten, wobei der Vorstand wie auch die meisten Arbeitsgruppen paritätisch aus Kollegiumsmitgliedern und Eltern zusammengesetzt sind.
Die Schule ist durch das Qualitätsverfahren «Wege zur Qualität» zertifiziert worden.

BASEL BS

Rudolf Steiner Schule Basel
Jakobsbergerholzweg 54, 4059 Basel

SCHULCHRONIK

1926: Eröffnung der Schule an der Lindenhofstrasse 9 mit drei Klassen und dreissig Kindern. Als erste aller späteren Gründungen im In- und Ausland erhält sie den Namen Rudolf Steiner Schule.

1931 Die wachsende Klassen- und Schülerzahl nötigt zum Erwerb eines grösseren Hauses an der Engelgasse 9, das im Frühjahr bezogen wird.

1933 Bau eines Eurythmiesaales und Eröffnung der Oberstufe durch die erste 9. Klasse.

1944 Dank tatkräftiger Hilfe durch die Elternschaft kann das angrenzende Gebäude Lange Gasse 33 gekauft werden.

1952 Der Erwerb des Hauses Lange Gasse 35 verhilft zu weiteren Klassenräumen.

1954 Ankauf des Hauses Engelgasse 7, Erweiterung des Eurythmiesaales.

1960 wird die Oberstufe bis zur 12. Klasse geführt.

1961 Grosse Schulfeier zum 100. Geburtstag Rudolf Steiners im Saal der Mustermesse. Viel beachtete Ausstellung von Schülerarbeiten in der Kunsthalle. Dem Vorsitzenden des Schulvereins Dr. G.U. Ott gelingt es, dank der Unterstützung durch den Regierungsrat, das Gelände der Christoph Merian-Stiftung auf dem Jakobsberg zu sichern, ebenso die Finanzierungsmöglichkeit durch den Verkauf der bisherigen Liegenschaften.

1962 Architekten-Wettbewerb für den Neubau. Die Jury wählt unter fünf eingereichten Projekten dasjenige von Architekt Hans Felix Leu, einem ehemaligen Schüler, aus.

1964 Im November findet die Grundsteinlegung statt.

1967 Feierlicher Einzug ins neue Schulhaus am 15. August 1967. Die Zahl der Schülerinnen und Schüler beträgt 600.

1971 Eröffnung des ersten Kindergartens auf dem Bruderholz.

1972 Zweiter Kindergarten in Therwil.

1973 Die Schule wird durchgehend von der 1. bis 12. Klasse doppelt geführt und umfasst einschliesslich Kindergärten über 800 Schülerinnen und Schüler.

1975 Dritter Kindergarten in Riehen. Nach einjähriger Bauzeit wird der Anbau für zwei Eurythmiesäle, zwei Klassenzimmer, Heileurythmieraum und Büro fertig gestellt und bezogen.

1982 Ein 4. Kindergarten wird in Allschwil eröffnet.

1984 Die Oberstufe erhält eine neue Gliederung; es wird den Schülerinnen und Schülern angeboten, sich im «Handwerkszug» mehr manuell zu betätigen, oder in der 11. und 12. Klasse zusätzliche Vorbereitungen für ein Gymnasium (Matur) zu belegen.

1985 Ein 5. Kindergarten, wiederum auf dem

	Bruderholz, wird eröffnet. Nach kurzer Bauzeit ist im November 1985 die feierliche Einweihung eines grossen Musiksaales, eines Singsaales und des Besprechungsraumes. Beginn der Zusammenarbeit der Elternbeitragskommission in der Region Basel.
1987	Die Klassen sind etwas kleiner. Gesamtschülerzahl mit den 5 Kindergärten: 835 Schülerinnen und Schüler.
1991	Die Schule erhält neue Statuten: Die rechtliche Trägerschaft geht auf das Lehrerkollegium über, und die Mitglieder des Schulvereins sind nun alle ständigen – auch ehrenamtlich tätigen – Mitarbeiterinnen und Mitarbeiter der Schule.
1995	Ein Gemeinschaftsraum wird ans Schulhaus angebaut. Festliche Einweihung am 4. Februar. Gleichzeitig wird die erweiterte und renovierte Schulküche in Betrieb genommen.
1996	Es wird eine Vereinbarung über die Zusammenarbeit der Rudolf Steiner Schulen der Nordwestschweiz getroffen. 70 Jahre Rudolf Steiner Pädagogik in der Region Basel. Gesamtschülerzahl der Basler Schule mit den 5 Kindergärten: 781 SchülerInnen.
1999	Schaffung einer Stelle für Öffentlichkeitsarbeit der Rudolf Steiner Schulen Nordwestschweiz mit dem Ziel, in der Öffentlichkeit Wesen und Ziele der Rudolf Steiner Schulen darzustellen und das Verständnis für ein freies Bildungs- und Erziehungswesen zu fördern. Die Rudolf Steiner Schule Basel erwirbt das Anwendungsrecht des Arbeitshandbuches «Wege zur Qualität». Sie nutzt die darin entwikkelten Möglichkeiten, um mit der Qualität ihrer Arbeit bewusst und verantwortlich umzugehen. Gründung der Stiftung «Unterstützungsfonds der Rudolf Steiner Schule Basel» mit dem Ziel, ein tragfähiges Standbein für die Schule zu schaffen.
2000	Einführung von Schwerpunktfächern in den 11. und 12. Klassen. Ziel: Schülerinnen und Schülern übernehmen Selbstverantwortung und Initiative in der Gestaltung eines individuellen Stundenplans.
2001	75 Jahre Rudolf Steiner Schule Basel und offizieller Festakt am 19. Mai 2001 in der Aula der Universität Basel mit 75 ehemaligen und jetzigen Schülerinnen und Schülern, die die Jahrgänge 1926 bis 2001 repräsentierten.
2002	Ein neu gegründeter Elternrat will die nötige und wichtige Zusammenarbeit zwischen Elternhaus und Schule auf der Basis von Verständigung und gegenseitigem Vertrauen fördern.
2003	Schaffung einer Mediationsstelle an der Schule. Einführung des «Bewegten Klassenzimmers». Gründung einer Suchtberatungsstelle an der Schule. Eröffnung einer Kindergarten- und schulergänzenden Tagesbetreuung, dem «Jakobshüttli», am 22.8.2005.
2006	80 Jahre Rudolf Steiner Schule Basel
BESONDERHEIT	Durch Otfried Dörfler wurde es möglich, dass die Absolventen der 12. Klassen ohne spezielle Prüfungen auf Empfehlung des Kollegiums in die Abschlussklasse der Gymnasien übertreten können. Die Schule ist die erste Rudolf Steiner Schule in der Schweiz und sie zeichnet sich durch grosse Stabilität bis heute aus. Dadurch geniesst sie in der Stadt Basel allgemein ein hohes Ansehen.

CHRISTOPHORUS-SCHULE BS

Christophorus Schule
Rudolf Steiner-Sonderpädagogik
Bürenstr. 20
4059 Basel

Am 30. September 1968 wurde der Schulverein durch Dr. Gustav Ott und Dr. P. Ulrich gegründet. Das Grundstück war noch unbebaut und gehörte (und gehört bis heute) der evangelischen Kirchgemeinde Titus. Es durften keine festen Steinbauten errichtet werden. Am 5. Mai 1969 wurde die Schule mit 11 Schülern eröffnet.

Die Schule bestand ursprünglich aus einer einzigen Förderklasse (es war eine Mischklasse mit Kindern verschiedenen Alters) und war an der Rudolf Steiner Schule Basel zu Gast. Die GründungslehrerInnen waren: Erich Ott, S. Blumer, Gottfried Bässler und Gertrud Janach. Dr. Gustav Ott, Chemiker bei der Ciba, hatte vor der Gründung der Christophorus Schule den Neubau der Basler Rudolf Steiner Schule auf dem Jakobsberg massgeblich geleitet. Seine nächste Initiative war dann die Gründung der Christophorus Schule.

SCHULCHRONIK

1969 Eröffnung der Schule am 5. Mai.

1970 Im Januar wird der 1. Schulbau (Holzpavillon) an der Bürenfluhstrasse 20 bezogen, vier Klassen mit gemischten Altersstufen zwischen 7 und 18 Jahren. Nach und nach können normale Jahrgangsklassen eingerichtet werden. Die Schule zählt 88 Kinder in 7 Klassen. Anerkennung durch das Bundesamt für Sozialversicherung.

1976 Am 18. November findet die festliche Einweihung des heutigen Baukomplexes statt. Die Festansprache hält Rudolf Grosse. Franz Fünfschilling übernimmt den Vorsitz des Schulvorstandes, Vertrag mit der IV für eine Defizit-Garantie. Die Schülerzahl umfasste 120 Schüler.

1977 Erstes gesamtschweizerisches Treffen der Schulvereinsvorstände der Rudolf Steiner Schulen der Schweiz in der Schule.

2002 Zusammenarbeitsvertrag mit dem Kanton Basel. Die Forderung nach heilpädagogischer Nachqualifikation wird in Zusammenarbeit mit Herrn Davatz (Erziehungsdepartement, Abteilung Sonderpädagogik Basel) und dem HFHS Dornach erarbeitet. Ein Schulleitungsgremium wird gewählt, welches Verantwortung und Kontinuität gewährleistet.

2005 Externe Evaluation in den Bereichen Schulführung und Schüleraufnahmen.

2006 Neues Modell der Schulführung wird erarbeitet und eingerichtet. Es besteht jetzt aus vier Personen mit klaren Verantwortlichkeiten und ist dem Vorstand unterstellt.

BESONDERHEIT Die Schule ist eine Rudolf Steiner Sonderschule mit Klassen bis zu 12 Schülern. Sie ist autonom, öffentlich mit nichtstaatlicher Trägerschaft und von der IV anerkannt. Einzugsgebiet ist die gesamte Nordwestschweiz. Sie nimmt schulpflichtige Kinder und Jugendliche mit erheblicher Lern- und Leistungsstörungen, sowie Verhaltensproblemen bis zur Berufsvorbereitung auf. Die SchülerInnen können bei über mehrere Jahre gleichbleibender Klassenführung zu sozialkompetenten, selbständigen Menschen heranwachsen. Der Lehrplan richtet sich nach dem Lehrplan der Rudolf Steiner Schulen. Für die medizinische Unterstützung steht ein eigener Schularzt zur Verfügung. Aus rechtlichen Gründen hat sich die Schule von der Arbeitsgemeinschaft der Rudolf Steiner Schulen in der Schweiz verabschieden müssen.

SCHULE UND BERUF — BS

«Schule und Beruf», Integrierte Mittelschule
Güterstrasse 140
4053 Basel

Die Schule wurde am 9. August 1993 mit 19 SchülerInnen in einer 11. Klasse und 7 LehrerInnen gegründet.

Franziska Heitz-Ostheimer, Wolfgang Klingler, Daniel Künzle-O'Conners, Eva Kramis und Luzius Gessler haben massgebend die Entwicklung der Schule bestimmt.

SCHULCHRONIK

Das Schulhaus befindet sich am Anfang in der Fensterfabrik MEKO in Muttenz bei Basel.

2000   Juni/August, Umbau der Räumlichkeiten in Basel unter der Leitung von M. Weulersse und Daniel Künzle und Umzug nach Basel.

2000   14. August, Eröffnung des neuen Schulhauses an der Güterstrasse 140.

2002   Juli, weiterer Umbau des Schulhauses, neue Räume im Vorderhaus entstehen; in diesem Zusammenhang wird von der Stiftung «Goldener Schnitt» die Fassadengestaltung der Gebäude im Innenhof finanziert.

2003   Juni, Erster Portfolioabschluss an «Schule und Beruf», die 11 SchülerInnen des Pilotprojektes «PraxisPlus» dokumentieren ihre eigene Kompetenz mit einem Vorzeige-Portfolio; eine wichtige Zeugnisergänzung.

BESONDERHEIT

Das Neue an «Schule und Beruf» ist die durchgängige Verknüpfung der Arbeitswelt mit den Lerninhalten eines Schulprogrammes. Vierwöchige Praktika in verschiedenen Bereichen der Gesellschaft wechseln sich ab mit Schulepochen, in denen die Erfahrungen aus der Arbeitswelt mit Lehrkräften, Mitschülern und Mitschülerinnen aufgearbeitet werden. Es handelt sich ausschliesslich um eine Mittelschule (IMS) mit integrierten Berufspraktika als Schulstoff. Das 10. Schuljahr beginnt mit «Schule unter freiem Himmel», die 12. Klasse schliesst ihre Schulzeit mit einem Sozialeinsatz, verbunden mit einer Auslandreise (2006 nach Kirgisien, Zentralasien) ab.

Die Rudolf Steiner Schulen in der Schweiz – Eine Dokumentation

LIECHTENSTEIN   FL

*Waldorfschule
Liechtenstein
Im Bretscha 14
9494 Schaan/FL*

Die Schule wurde 1984 mit acht Kindern und einem Lehrer gegründet. Werner Büchel, erster Präsident des Schulvereins, hatte seine Kinder in Chur an der Rudolf Steiner Schule und machte es sich als Liechtensteiner zum Ziel, eine Waldorfschule nach Liechtenstein zu bringen; weiter Gründungsmitglieder waren: Herr und Frau Klose (Gründungslehrerin) und Richard Schierscher.

SCHULCHRONIK

1984	Beginn in der Zollstrasse: ein altes Gebäude einer Frau, die den unteren Teil als «Rossstall» nutzte und oben ihre Wohnung hatte, wird samt Grundstück der Gemeinde übertragen. Dieses Gebäude kann von der in Gründung stehenden Waldorfschule übernommen werden (sonst wäre es abgebrochen worden). Die Gemeinde Schaan stellt das Grundstück, auf dem das Gebäude steht, zur Nutzung zur Verfügung.
1985	Kann ein Gebäude in Schaan im Bretscha 14 gekauft werden und die Schule zieht um. Das freiwerdende Gebäude wird als Kindergarten weitergeführt.
1988/89	Das Gebäude im Bretscha wird gegen ein Grundstück im Aescherle eingetauscht. Dort besteht ein Konzept für einen Neubau. Nur ein Teil dieses Konzepts wird realisiert (so genannter Neubau) weil das nötige Geld fehlt und die Schule durch manche Krise geht.
1992/93	Der Neubau wird bezogen.
2000/01	Ankauf von Wohncontainern, die die vorläufige Raumproblematik lindern, welche durch die Einrichtung einer 2. Kindergartengruppe und der positiven Entwicklung der Schule zu Platzmangel geführt haben.
2002/03	Weitere Räume im Zentrum von Schaan werden zugemietet, die neuen Spielgruppen und die 2. Kindergartengruppe ziehen dort ein. Die freiwerdenden Räume in den Wohncontainern werden für eine weitere Klasse genutzt.
2002	Zertifizierung nach dem Qualitätsmanagement «Wege zur Qualität»
2003	Spielgruppe wird institutionalisiert.
2004/5	150 SchülerInnen (neuer Schüler Höchststand).

BESONDERHEIT DER SCHULE

Dreiländerschule (Liechtenstein, Schweiz, Österreich) mit Partnerkindergarten in Österreich, 50% der Kinder kommen aus Österreich, 25% aus Liechtenstein, 25% aus der Schweiz. Zeugnis aus der 9. Klasse der Schule wird seit 2001 in Österreich einem Hauptschulzeugnis gleichgestellt und ermöglicht bei entsprechenden Leistungen einen Zugang zu allen Höheren Schulen in Österreich. Seit 2000 gibt es Schulbeiträge vom Staat Liechtenstein in Form von «Pro-Kopf-Beiträgen» für alle Schüler. Die Beiträge sind nach Schulstufen gestaffelt und sind zusätzlich differenziert nach Beiträgen für Kinder mit Wohnsitz in Liechtenstein und Kindern mit Wohnsitz ausserhalb von Liechtenstein.

Heinz Zimmermann, Robert Thomas

GENÈVE

GE

*Rudolf Steiner
Schule Genève
Ch. de Narly 2
1232 Confignon-
Genève*

Die Schule wurde im September 1980 mit vierzig SchülerInnen, drei LehrerInnen und zwei Kindergärtnerinnen mit dreissig Kindern gegründet. Dr. Michael Kropf, Mitbegründer des Schulvereins, hat zahlreiche Familien durch seine Arztpraxis mit der Schule in Verbindung gebracht. Béatrice Traber, Präsidentin des Schulvereins hat mit Begeisterung und Grosszügigkeit die Schule während Jahrzehnten stark unterstützt.

SCHULCHRONIK

1960   Anfang der 60er Jahre versucht Pierre A. Dérobert (1916-2006) mit anderen Menschen eine Schule zu gründen; dies ist nicht möglich, aber Frau Vala Rikoff kommt nach Genf und gibt Eurythmie-Stunden. Elisabeth Lambercy hat seit Ende der 60er Jahre an verschiedenen Projekten von Schulgründungen teilgenommen, die jedoch nicht zustande gekommen sind. Verena André, Kindergärtnerin, führt schon Ende der 60er Jahre einen Kindergarten.

1970-80   René Querido, der später erfolgreich in den USA Ausbildungsstätten gründet, bereitet mit vielen Vorträgen und Anregungen den geistigen Boden. Die jährliche «semaine pédagogique» mit Robert Thomas und Jürg Voellmy unterstützt in den 80er Jahren die Schulimpulse.

1976   Michaela Spalinger führt den Kindergarten und motiviert die Eltern für eine Schulgründung.

1980   Eröffnung der Schule in Satigny, ausserhalb von Genf; Arno Reichert übernimmt nach seiner pädagogischen Ausbildung in Stuttgart die erste Klasse. Verena André bildet sich ab 1980 zur Handarbeitslehrerin aus und unterrichtet dieses Fach bis ins Jahr 2000. Frau Lambercy führt mit viel Ausdauer verschiedene Arbeitsgruppen für die Eltern, um die Waldorfpädagogik zu vertiefen.

1986   Wird grosszügigerweise ein Grundstück in Confignon zur Verfügung gestellt und der Architekt Tschumi errichtet ein neues Gebäude mit Platz für 12 Klassen, 5 Kindergärten und einen grossen Saal für 300 Personen.

1988   Einzug in die neue gebaute Schule in Confignon.

BESONDERHEIT

Die Schule ist eine UNESCO assozierte Schule; sie nimmt in der 10. Klasse Austauschschüler aus Deutschland, USA, Kanada und der Deutschschweiz auf. Seit 1995 finden in der 11. Klasse regelmässig Praktika in der Dritten Welt statt. Die eigene Architektur gibt der Schule eine markante Identität.

Die Rudolf Steiner Schulen in der Schweiz – Eine Dokumentation

AVRONA GR

*Rudolf Steiner
Schule Avrona
Bergschule Avrona
7553 Tarasp/Scuol*

Die Schule wurde am 5. Mai 1955 mit 12 Kindern, einer Klasse und zwei Hauptlehrern eröffnet.

SCHULCHRONIK

1943	Erste Sommermusik-Wochen der Musikfreunde in Avrona.
1948	In einem dieser Musiklager verunglückt ein 15jähriger Junge tödlich. Seine Mutter will daraufhin helfen, eine Bildungsstätte für junge Menschen auf anthroposophischer Grundlage zu errichten. Sie gibt den Auftrag an Willi Overhage. Die Vorbereitungsphase dauert etwa 7 Jahre. Willi Overhage, Musiklehrer an der Rudolf Steiner Schule Basel, pflegt die Kammermusikgruppe «Musikfreunde» und veranstaltete erste Sommermusik-Wochen der Musikfreunde 1942 in Feldis, 1943 in Avrona. Von nun an sind die Musikfreunde im Herbst in Avrona. Er ist ein geschäftstüchtiger, charakterstarker Mann, organisiert die Lager nie im voraus, gestaltet die Tagesabläufe aus tiefer Einsicht und Erfahrung und mit organisatorischem Geschick. Er wird Gründer und Leiter der Heimschule Avrona am 5.5.1955 bis zu seinem Tod am 18. 12. 1967.
1955	5. Mai ist die Eröffnung der Schule. Lehrer sind u.a. Eginhard Gmelin, Felix Schaub, Thomas Witzemann und Hans Burr.
1959	wird das Schulhaus gebaut, danach folgen weitere Häuser. In den 60er Jahren werden das Stauffacherhaus und der Saal gebaut. Später wird ein Pavillon für die Mädchen erstellt.
1973	wird der Pavillon umgesiedelt in das jetzige Föhrenhaus und das heutige Waldhaus wird neu gebaut.
1978	ist die Schülerzahl angewachsen bis auf 85 Schüler.
1979	kommt der Eurythmiepavillon, mit Saal für die Heileurythmie, naturwissenschaftlichem Zimmer und einer kleinen Wohnung.
1955-79	Die Schülerzahl wächst stark an, dies ist darauf zurückzuführen, dass es nur wenige Rudolf Steiner Schulen in der Schweiz gibt. Viele Eltern wünschen die Waldorfpädagogik als Erziehungsmethode ihrer Kinder, zudem wollen sie, dass die Kinder in guter stetiger Betreuung sind.
1975	Viele Rudolf Steiner Schulen werden gegründet, dies führt zu einem starken Schülerschwund in Avrona. Nun kommen eher Schüler mit Verhaltensauffälligkeiten.
1978	Beginnt die Diskussion, ob Gelder vom Staat angenommen werden sollen.
bis 1985	Wird eine gemischte Form angewendet: Es sind Kinder in der Schule, die vom Staat zugewiesen und bezahlt werden und andere die auf Privatinitiative kommen.
1981/82	Entstehen grössere Schwierigkeiten. Die

Heinz Zimmermann, Robert Thomas

oberen Klassen müssen entlassen werden, die Schülerzahl fällt auf 40.

1985 Aufbau eines sozialen Netzes mit der öffentlichen Hand.

1988 Verlässt der letzte Schüler die Schule, der nicht vom Staat unterstützt ist.

1995 Planung einer Gesamtsanierung. Es werden aufgrund einer Gesetzesänderung kantonale Löhne für die Mitarbeitenden eingeführt.

1999 Beginn einer Umstrukturierung der Organisation. Die Kinder vom Tal müssen für den Verbleib in Avrona zuviel bezahlen, der Staat kann und will für sie keinen Zuschuss geben.

2000 Gründung der Scoula Libra in Scoul. Avrona hat ab diesem Zeitpunkt wenige Mitarbeiterkinder, die nicht staatlich zugewiesen sind, ansonsten ausschliesslich vom Kanton zugewiesene, verhaltensauffällige Kinder.

BESONDERHEIT

Avrona ist seit 1989 eine Sonderschule mit anthroposophischer Pädagogik für auffällige Kinder und Jugendliche.

ENGIADINA BASSA   GR

Scoula libra d'Engiadina Bassa Sôtcha 231 7550 Scuol

Die Gründung der kleinsten Rudolf Steinerschule in der Schweiz fand am 14. August 2000 statt.

2000 Die Gründungsfeier der Schule am 14. August. «Curaschi» (romanisch: Mut) war das Zauberwort der Festrede, Mut zu Offenheit in jeder Begegnung, Mut, eigene Wege zu gehen. Es wurde als gutes Omen gedeutet, auf diesem Weg zur Quelle zufällig dem damaligen Leiter der pädagogischen Sektion des Goetheanums, Herrn Dr. Zimmermann, begegnet zu sein und seine guten Wünsche mitbekommen zu haben.

BESONDERHEIT DER BERGSCHULE

Die Schule ist von einer imposanten Bergwelt umgeben. Unter kundiger Leitung eines Tourenführers erwandern und erklettern die Schüler in kleinen Gruppen jährlich einige Gipfel. Durch die Wiederholung solcher Erlebnisse wachsen im Kind Mut (curaschi), Kraft und Ausdauer und es bildet sich dadurch ein gesundes Selbstvertrauen.

Die geringe Schülerzahl in kombinierten Klassen (erste bis vierte und eine fünfte bis zehnte Klasse) bedingt, dass die Kinder der Schule stark miteinander verbunden sind. Eine Mehrklassenschule bedeutet ein Wagnis für die Unterrichtenden als Jahrgangsunterricht und fordert von ihnen Umsicht, Flexibilität und Vorbereitungszeit.

Wichtig sind besonders die grossen Jahresfeste Michaeli, Weihnachten, Ostern und Johanni, die ihre Prägung durch die sich saisonal verändernde Natur erhalten.

LUZERN   LU

Rudolf Steiner Schule Luzern
Luzernerstr. 145a
6014 Littau

Die Schule wurde am 20. August 1988 mit vier Klassen, ca. vierzig SchülerInnen und den LehrerInnen Maya Schmid, Irene Körber, Roland Paroz, Therese Anner, Megumi Kaufmann, Angelika Langner gegründet. Dr. Heinz Zimmermann von der Pädagogischen Sektion, Daniel Wirz aus der Steiner Schule Baar und R.C. Salgo, Rechtsanwalt haben diese Gründung unterstützt.

SCHULCHRONIK

1979
15. März, Gründungsversammlung des Schulvereins, der Gründungsvorstand besteht aus: Anne Catherine Schaetti, Roger Levi, G. Abbondio und Katalin Dreyer.

1982
13. September, der erste Kindergarten an der Berglistrasse wird mit 14 Kindern und Esther Duss eröffnet.

1988
20. August, Eröffnung der Schule im provisorischen Schulhaus der vom Kanton Luzern gemieteten zum Abbruch bestimmten alten Chirurgie; Patientenzimmer, Büroräume und zuletzt auch noch die Operationsräume, waren durch die Schuleltern etappenweise zu Schulräumen umgestaltet worden. Im Schulverein sind die folgenden Persönlichkeiten vertreten: Christin Krauer, Dr. Paul Krauer, Esther Parak, Georg Parak, Alfred Heinrich, Sue Heinrich, Uli Baumgartner, Sabine Baumgartner und Ulrike Huber-Schwarz.

1993
Dezember, die Schule bezieht die neuen Schulräume in Littau. Die Schulräume sind in eigener Regie und auf eigene Kosten in das gemietete Stockwerk (1500 qm) eines Industrie- und Bürogebäudes eingebaut worden. Nur kurze Zeit später wird auch der zweite Kindergarten von der Stadt Luzern nach Littau verlegt.

2004
August, die Schulräume werden wegen eines Brandes unbenutzbar und die Schule muss bis zur wieder Instandstellung für drei Monate ein Provisorium beziehen.

2005
Juli, der ursprüngliche Kindergarten an der Berglistrasse wird geschlossen.

2006
Das Kollegium vereinbart mit der Rudolf Steiner Schule Bern, in Littau das Modell der Basalstufe einzuführen.

BESONDERHEIT DER SCHULE

Die Schule hat sich früh mit Organisations- und Qualitätsmanagement (Wege zur Qualität, kantonale Qualitätsnormen) auseinandergesetzt und zertifizieren lassen.

ST. GALLEN SG

Rudolf Steiner
Schule St. Gallen
Rorschacherstr. 312
9016 St. Gallen

Die Schule begann am 17. April 1971 mit 60 SchülerInnen in drei Klassen. Zum ersten Kollegium gehörten als Klassenlehrer Hermann Schölly, Hans Degen, Albin Kuhn, als Fachlehrerinnen Frau Hiller, Frau Binswanger, Frau Oetiker und Frau Beeck.

SCHULCHRONIK

1950	Erste Initiative zur Gründung einer Rudolf Steiner Schule mit R. Kutzli, Dr. H. Huber, M. u. L. Graf. Das Projekt scheitert.
1967	Beginn der zweiten Initiative. Karl Stahlberger (Basel), das Ehepaar Julius und Edith Dessecker (Basel), Hanspeter Büche, Prof. Dr. Weinhold, Dr. med. Peter Bleiker, Alfred Frischknecht, langjähriger Präsident des Schulvereins, später Bildhauer (zusammen mit Niklaus Hufenus Planung und Neubau der Schule St. Gallen), Frau Miny Nendorf, Frau Margrit Egger und Felix Schaub.
1968	April, Vereinsgründung; Juni, erste Vereinsversammlung.
1970	Oktober, Kauf des ersten Schulhauses, Zwinglistrasse 25.
1971	17. April, Schuleröffnung mit drei Klassen mit den Lehrern H. Schölly, Albin Kuhn, Hans Degen. Die festliche Eröffnung findet in der Studiobühne des Stadttheaters St. Gallen statt. Den Festvortrag hält Rudolf Grosse (Goetheanum), für die Elternschaft spricht Prof. Dr. Weinhold (HSG St. Gallen), Schüler der Basler und Zürcher Schule musizieren.
1973	Kauf des zweiten Schulhauses, Tellstrasse 20.
1974	«Definitive Bewilligung zur Führung einer Privatschule», durch den Erziehungsrat des Kantons St. Gallen
1976	1. November, Schenkung des Areals «Riedernhof» mit der ehemaligen Villa Mettler durch Marlis u. Walter Knopfli-Mettler.
1983-1988	Planungsphase Neubau mit dem Architekten N. Hufenus, der zur Elternschaft der Schule gehört und dem Plastiker Alfred Frischknecht.
1987	Erstmals eine 12. Klasse.
1988	Baubeschluss durch die Hauptversammlung des Schulvereins.
1991	Grundsteinlegung für den Schultrakt.
1993	22./23./24. Oktober Einweihung des neuen Schulgebäudes auf dem Areal des Riedernhofs mit zwei Kindergärten und 12 Klassen.
2000	Neugestaltung des Saals mit der von Frau Margrit Wirz ermöglichten definitiven Bestuhlung.
2001	Die Schule feiert ihr 30jähriges Jubiläum.
2002/2006	Schulentwicklungsprojekt mit den Initianten U. Piffarreti, P. Jäggli, R. Thomas; Leitung: Roland Hunziker.

BESONDERHEIT DER SCHULE

Durch den Ortswechsel hat die Schule viele SchülerInnen verloren. Das Gebäude in organischer Architektur prägt das Gesicht der Schule. Das Kollegium versucht mit minimalen Mitteln die pädagogische Qualität beizubehalten und zu fördern.

WIL — SG

Rudolf Steiner Schule Wil
Säntistrasse 31
9500 Wil

Die Schule wurde im April 1979 mit fünf Kindern und einem Lehrer auf dem Bauernhof der Familie Reinhardt in Brunnen bei Dreien (Nähe Kirchberg SG) gegründet.

Lehrpersonen der ersten Stunde: Arthur Wyss (Hauptlehrer) blieb bis 1999 an der Schule, Marion Fischbach (Eurythmie), Rita Grob-Stalder (Handarbeit) und ab 1980 Kathrin Schöb (Englisch).

SCHULCHRONIK

1979   Stickstube im Bauernhof der Fam. Reinhardt in Brunnen bei Dreien.

1981   Gründung «Verein Wiler Schulhaus» und Kauf Säntisstrasse 31.

1983   Erstes Schulzimmer ist fertiggestellt, weitere werden folgen. Viel Eigenleistung der Eltern, etappenweises Bauen.

1989   Kauf Säntisstrasse 33 (Nachbarhaus) Architekt Guiseppe Fent. Der Werklehrer Ruedi Schöb hat die Saalpläne erstellt.

1991   Kauf Säntisstrasse 3, eines grossen, 200m entfernten Komplexes, mit Geldern einer Aktiengesellschaft. Die Häuser sind zu teuer erworben worden, daher drückt die Mietlast sehr auf die Finanzen der Schule.

2001   Grosse finanzielle Probleme, Verluste, Unsicherheit, Konkurs. Säntisstrasse wird veräussert.

2005   Kauf des Nachbarhauses Säntisstrasse 35 durch eine der Schule nahestehende Gesellschaft.

BESONDERHEIT DER SCHULE

Der Name der Schule: 1979 «Unabhängige Schule Alttoggenburg» (nach der Pädagogik von Buber, Pestalozzi, Steiner u.a.), dann 1983 «Freie Volksschule Wil» und 1995 wurde sie «Rudolf Steiner Schule Wil»

Kontinuierliches Wachstum seit 1979, Blüte um 1998/99, mit 9 Klassen, 150 SchülerInnen. Die Schule bietet in kleinen Klassenverbänden intensive pädagogisch-künstlerische Betreuung an.

Schulportrait SCHAFFHAUSEN   SH

Rudolf Steiner Schule
Schaffhausen
Vordersteig 24
8200 Schaffhausen

Die Schule wurde am 21. April 1979 mit sechsunddreissig SchülerInnen in drei Klassen eröffnet. Die Gründungslehrer sind Gérard Stöckli, Stefan Züllig und Christoph Mugglin; Walter Heim, Doris Host vom «Johannes von Müller Zweig» (Zweig der anthroposophischen Gesellschaft in Schaffhausen) sowie Hermann Bührer und Johannes Wickli aus der Arbeitsgruppe der «Anthroposophischen Vereinigung» sind im Schulverein.

SCHULCHRONIK

1976	Erarbeiten der Grundlagen der Rudolf Steiner Pädagogik in Gruppenarbeit, Bildung eines Initiativkreises zur Gründung einer Rudolf Steiner Schule in Schaffhausen.
1977	10. Mai, der Schulverein wird gegründet. Der Gründungsvorstand besteht aus den folgenden Personen: Yvonne Heim, Johannes Wickli, Doris Host, Hermann Bührer, Walter Heim. Die Aufgabe des Vorstandes besteht darin, Gründungslehrer zu suchen. Gérard Stöckli und Stefan Züllig stellen sich zur Verfügung.
1979	21. April, Beginn der Schule in dem Gebäude der Migros-Clubschule am Vordersteig (am Anfang, die Migros ist noch Besitzer der Liegenschaft, müssen die Räume für den Unterricht geteilt werden: vormittags ist Unterricht für die Rudolf Steiner Schule Schüler, nachmittags und abends für die Erwachsenen der Klubschule). Nach den Sommerferien übernimmt Christoph Mugglin die 3. Klasse.
1979	1. September, der Kauf der Liegenschaft wird abgeschlossen. Die grossen finanziellen Mittel für den Kauf und die Umbauten werden teils durch Spenden, zinslose Darlehen, Darlehen mit niedrigem Zins und teils durch die «Bazare» in den beiden Jahren vor der Schulgründung erbracht.
1993	An der Vorstadt 60 kann der neue FLOMI-Laden eröffnet werden und im Mai wird der Kauf der Liegenschaft Vordersteig 34 beschlossen, der durch eine grosse Spende und ein Hypothekardarlehen finanziert wird.
1995	Im Sommer führt die Schule eine erste 11. Klasse.
1997/98	Nachdem nur zwei Jahre eine 11. Klasse geführt werden konnte, müssen nun die SchülerInnen wegen einer zu geringen Nachfrage in Glarisegg ihre Schulzeit abschliessen.
1998	Es entsteht die «Regionale Oberstufe Untersee» in Glarisegg, welche u.a. von den SchülerInnen der Schaffhauser Schule besucht wird.
2001	Mit der Schulschliessung von Glarisegg

hat nun die Schule keine Oberstufe mehr; die SchülerInnen besuchen nach der 10. Klasse die Rudolf Steiner Schulen von Winterthur oder Zürich.

2004 Die Schule erhält durch eine grosszügige Schenkung eine Liegenschaft im Beckengässchen (Chalet), die direkt an das Schulareal anschliesst. Die Schule hat in den letzten Jahren die baulichen Bedingungen den Erfordernissen der feuerpolizeilichen Vorschriften anpassen müssen

BESONDERHEIT DER SCHULE

Die Schule hat ein ausgeprägtes Konzept für die Unterstufe («Bewegtes Klassenzimmer»), die Mittel- und Oberstufe. Mit dem neuen Tagesschulbetrieb (Bundesgelder) wird die Schule noch attraktiver. Als besondere Eigenschaft der Schule kann man von der starken personellen Konstanz sprechen. Das Gründungskollegium wirkte zwanzig Jahre zusammen. Zudem war es jedes Jahr möglich, die Weihnachtsspiele mit der eigenen Kumpanei aufzuführen.

REGIONALE OBERSTUFE JURASÜDFUSS (ROJ) SO

Integrative Mittelschule und Fachmittelschule der Schulen von Biel, Langenthal und Solothurn
Bielstr. 95
4500 Solothurn

Die Schule wurde im August 1992 mit 22 SchülerInnen (Doppelklasse 11. und 12. Klasse) und 10 Lehrern gegründet. Durch den Schülerrückgang gründeten die Schulen Biel, Langenthal und Solothurn gemeinsam die Regionale Oberstufe Jürasüdfuss und trugen diese finanziell.

Ruedi Wepfer, Hauptinitiant, pensionierter Rudolf Steiner Schullehrer, Ideengeber und «Architekt» des Konzepts. Thomas Stöckli, Hauptinitiant im Team mit R. Wepfer, Umsetzer und Entwickler des Konzepts. Das Motiv dieser beiden Personen bei der Gründung war die soziale Dreigliederung, der Jugendimpuls und die Verbindung Schule und Wirtschaft. Kathryn Frank, Kernteam-Mitglied bei der Gründung und Klassenbetreuerin, Heinz Fuhrer, Kernteam-Mitglied und Regionale Oberstufe Jürasüdfuss-Lehrer. Heute ist die Schule eine Integrative Mittelschule und Fachmittelschule.

SCHULCHRONIK

1992   Eingemietet in der Rudolf Steiner Schule Solothurn.

1992   Aufbau eines Praktikanetzes; bis heute über 650 Praktikumstellen in der ganzen Schweiz verteilt (deutsch, französisch, italienisch, rätoromanisch und englisch) für die SchülerInnen, die mehrere Wochen Praktika ausserhalb der Schule absolvieren.

2004   Herbst, eingemietet in einem eigenen Gebäude an der Bielstrasse in Solothurn.

2005   Aufbau einer Fachmaturität. (IMS und FMS), 136 SchülerInnen.

2006   Zusammenarbeit mit der Universität Plymouth. Prüfungsfreier Zutritt mit ROJ-Fachmaturität in alle acht Fakultäten der University of Plymouth. Bachelor, Master und Möglichkeit zur Promovierung.

2007   Die Mittelschule wird dreizügig.

BESONDERHEIT DER SCHULE

Am Anfang der 90er Jahre setzt die damalige ROJ (Regionale Oberstufe Jurasüdfuss) die Initiative einer engen Verbindung zwischen Schule und Arbeitswelt im Mittelschulbereich zum ersten Mal um und wirkt seither nicht nur in der Schweiz als Vorbild für andere Schulmodelle. Im Aufbau sind neue Projekte: ein Brückenangebot 10. Klasse für Staatsschüler und Waldorfschüler aus der ganzen Welt (student home), ein Internationaler ipf-Europa Campus mit Masterstudiengängen, in Zusammenarbeit mit der University of Plymouth und ein nationaler Lehrstellenverbund.

SOLOTHURN   SO

*Rudolf Steiner Schule Solothurn
Allmendstr. 75
4500 Solothurn*

Die Schule wurde im April 1977 mit 65 Kindern, einem Kindergarten, zwei Doppelklassen 1./2. und 3./4. gegründet.

Gründungslehrer: Fritz Linder, Lehrer an der Rudolf Steiner Schule in Basel, übernimmt 1976 das Präsidium des neu gegründeten Schulvereins und bei der Schuleröffnung die 1./2. Klasse. Jan Respond, Mitarbeit im Vorfeld der Eröffnung der Schule übernimmt die 3./4. Klasse. Annette Vaudaux Mitarbeit im Vorfeld der Eröffnung, übernimmt im April 1977 den Kindergarten. Marianne Linder, Handarbeitslehrerin und Reto Savoldelli, Eurythmielehrer.

SCHULCHRONIK

1977 Erstes Schulgebäude: ehemaliges «Wohlfahrtsgebäude» der Uhrenfabrik Roamer, Weissensteinstrasse 65, kann gemietet werden.

1979 Kauf der «Petervilla» zur Erweiterung der Schule und Ausbau eines 2. Kindergartens. Miete weiterer Räume für Eurythmie und Werken in einem Nachbarhaus.

1980 Kauf der Liegenschaft «Cosandier», ehemalige Zifferblattfabrik, Umbau zu einem Schulgebäude.

1981 Frühling, Bezug des eigenen Schulhauses; 19. September, offizielle Einweihung.

1985 Ausbau auf 9. und 10. Klasse, Zusammenarbeit mit der Rudolf Steiner Schule Biel im Bereich der 11. und 12. Klasse, d.h. die SchülerInnen können nach der 10. Klasse an die Rudolf Steiner Schule Biel übertreten.

1992 Gründung der ROJ (Regionale Oberstufe Jurasüdfuss), zusammen mit den Rudolf Steiner Schulen Langenthal und Biel, der Standort der ROJ ist die Rudolf Steiner Schule Solothurn.

2004 Durch den weiteren Ausbau der ROJ kommt es im Sommer zu einer räumlichen und organisatorischen Trennung. Die ROJ bezieht eigene Räume und wird zu einem selbständigen Schulorganismus.

BESONDERHEIT DER SCHULE

Die Schule führt vom Kindergarten bis zur 9. Klasse einen Bildungsgang, die SchülerInnen besuchen anschliessend die «Mittelschulen Region Jurasüdfuss».

KREUZLINGEN TG

*Regionale Waldorf-
schule Kreuzlingen/
Konstanz
Bahnhofstrasse 15
8280 Kreuzlingen*

Die Schule wurde am 19. April 1980 mit den Klassen 1-4 mit rund 50 SchülerInnen und sechs Lehrkräften eröffnet.

SCHULCHRONIK

1975   Im Februar treffen sich Elternpaare zu einem Gespräch am Familientisch: Bauern, Heilpädagogen, vom Ausland zurückgekehrte Thurgauer. Gesprochen wird über die Idee einer Steiner Schule in der thurgauisch-ländlichen Gegend und beschlossen wird die Bildung des Arbeitskreises «Initiativkreis Rudolf Steiner Schule Region Thurgau». Wie zufällig stösst der Initiativkreis mit einer Gruppe Seminaristen vom Umschulungskurs für Berufsleute des Lehrerseminars Kreuzlingen zusammen. Zu diesem Zeitpunkt ahnt niemand, dass sich in dieser Gruppe auch der spätere Gründungslehrer Kurt Bräutigam, befindet.

1976   6. November, Gründung des Rudolf Steiner Schulvereins Thurgau. Im November erster Bazar im katholischen Kirchgemeindehaus Kreuzlingen.

1977   26. Januar, Bewilligung zur Führung einer Rudolf Steiner Schule im Kanton Thurgau durch das Erziehungsdepartement.

1978   Eröffnung des Kindergartens.

1980   Januar, Kauf der Strickwarenfabrik Wieler an der Bahnhofstrasse für eine Million Franken. Durch die zentrale Lage am Bahnhof Kreuzlingen und die unmittelbare Nähe zur Grenze wird die Schule, die einst als Schule für den Kanton Thurgau gedacht war, zur Rudolf Steiner Schule für die Region Konstanz – Kreuzlingen und das weitere Einzugsgebiet im Kanton Thurgau.

1995   Die Schule besteht aus Unter- (Klasse 1 – 6), Mittel- (Klasse 7 – 8) und Oberstufe (Klasse 9 – 10).

2004   Die Klassen 11 und 12 gehen in Wahlwies (Deutschland) zur Schule.

BESONDERHEIT DER SCHULE

Die Kreuzlinger Schule ist grenzübergreifend. Ein Drittel der Schüler kommt täglich über die Grenze von Konstanz nach Kreuzlingen. Die Hälfte der Elternschaft stammt aus Deutschland, die ander Hälfte aus der Schweiz oder hat eine andere Nationalität. Das Bemühen um eine regionale Oberstufe führte erst zusammen mit der Rudolf Steiner Schule Schaffhausen zur Oberstufe Untersee im Waldorfinternat Glarisegg (Auflösung 2001) und jetzt können die Schüler im Rahmen eines Kooperationsvertrages mit der Freien Waldorfschule Wahlwies/ Deutschland dort die 11. und 12. Klasse besuchen und die Mittlere Reife und das Abitur erlangen. Die Schule umfasst im Basisbereich eine Krabbel- und Spielgruppe sowie zwei Kindergartengruppen. Seit 2000 ist die Schule Gastschule im Bund der deutschen Waldorfschulen.

LOCARNO TI

*Rudolf Steiner
Schule Locarno
Via Varenna 71
6600 Locarno*

Die Schule wurde mit 7 Kindern und einem Klassenlehrer, einem Kindergarten mit 11 Kindern und einer Kindergärtnerin am 29. September 1989 eröffnet.

Massgebend an der Schulgründung waren die Vereinsmitglieder und Kindergarten Eltern: Maurizio Piacenza, Klassenlehrer und Schulvater an der Rudolf Steiner Schule Lugano, Dr. Carlo Engeler, Angela und Fabio Robbiani, Luca Thommen, E. Leopold, Verena Ramseyer, M. Alberti, Edith und Virgilio Congiu und Rosmarie Stuker, beteiligt.

SCHULCHRONIK

1989	Michaeli, Eröffnung der Schule.
1990	Im Oktober, Gründung des Schulvereins «Associazione sostenitori della pedagogia di Rudolf Steiner Locarno».
1992	1. September, Eröffnung des ersten Kindergartens in Minusio mit 9 Kindern.
1992	Das Schulgebäude bestehend aus einem einstöckigen Wohnhaus mit kleinem Fabrikanbau und Garten, befindet sich nun an der Via Varenna 71, an zentraler Lage in Locarno-Solduno.
1995	Erstellen einer Baracke mit Hilfe der Elternschaft als Mehrzweckraum für Eurythmie, Theater und Versammlungen.
2003	Erstellen eines Pavillons für einen Kindergarten und eine Kleinkindergruppe.
2005	Miete von weiteren Räumlichkeiten an der Via Varenna 68, gegenüber der Schule für 2 Klassenzimmer und einen Eurythmiesaal.

BESONDERHEIT DER SCHULE

Eine familiäre Schule mit kleinen Klassen 1 – 7. Durchmischung von Eltern und Lehrern verschiedener Kulturen und Sprachregionen. Langsam wachsende Schulgemeinschaft. Für viele Eltern «alternative» Schulwahl und nicht bewusst Wahl der Waldorfpädagogik. Die Schule ist daran, neue Strukturen zu entwickeln. Nach innen (Organisation, Qualitätsarbeit, Bildung einer 8. Klasse und einer aktiven Elterngruppe) und nach aussen (konkrete Suche nach neuem Schulgebäude wegen Platzmangel und Ablauf des Mietvertrages).

LUGANO   TI

Rudolf Steiner
Schule Lugano
Via ai Magi
6945 Carnago-Origlio

Die Scuola Rudolf Steiner wurde am 29.September 1977 mit sieben SchülerInnen einer 6. Klasse gegründet.

In Lugano gab es seit Anfang des 20. Jahrhunderts immer einige Menschen, die anthroposophisch arbeiteten. Vorträge von Rudolf Steiner in Lugano und Locarno (1904, 1906 und 1911) zeugen von dieser Frühtätigkeit.

SCHULCHRONIK

1970 Zu Beginn der 70er Jahre findet sich eine Gruppe von Menschen, die im Tessin die Pädagogik Rudolf Steiners bekannt machen und später eine Schule begründen wollen. Zu diesen stösst auch der Sohn des Stuttgarter Ur-Schulvaters, Walter Molt und seine Frau Edith, die sich in S. Abbondio niedergelassen haben.

1974 Nach einer sehr beachteten Ausstellung von Schülerarbeiten aus den Schulen Zürich, Bern und Mailand in Bellinzona werden in italienischer Sprache Vorträge und regelmässige Arbeitsgruppen zur Pädagogik alternierend in Lugano, Bellinzona und Locarno angeboten.

1975 Der Verein «Amici della pedagogia di Rudolf Steiner» wird in Giubiasco gegründet. Massgebend wirken die folgenden Persönlichkeiten mit: Dr. N. Fischter, Gabriela Bausch, Edith Molt, Inge Passaglia, Emma und Alfred Graf, Walter Epper, Prof. Enrico Colombo, Bruna Ceppi und besonders Ursula Piffaretti. Sie bilden den Vorstand der Schulvereinigung und streben eine baldige Schuleröffnung an. Es werden epochenweise Kunstkurse und eine Sommerkolonie in Sant' Abbondio bei der Familie Molt angeboten. Lugano ist der Ort im Tessin, der am meisten Interessenten hat und wo vor allem eine geeignete Villa gemietet werden kann.

1977 Am Michaelstag ist die Eröffnung der Schule mit sieben SchülerInnen in einer 6. Klasse und dem Lehrer Carlo Rizzi (gestorben 1986), nach allerdings nicht wenigen Hürden – z.B. ist im Tessiner Schulgesetz keine Schule mit anderem Lehrplan als demselben wie in den staatlichen Schulen vorgesehen.

1978 Februar, Eröffnung des Kindergartens mit der Kindergärtnerin Esther Gester mit zwölf Kindern. Bald kommen andere Lehrer dazu: Claudia Taddei, Assia Spicher (Eurythmie), A. Graf (Gartenbau) Beatrice Erismann (Kindergarten).

1979 September, die wachsende Schule muss in das frühere Hotel Adler, (nahe dem Bahnhof Lugano) das zur Schule umfunktioniert wird, umziehen (ein Kapital von 18'000,- Frs steht zur Verfügung).

	Lucia Faillacci, Renato Bon und Maurizio Piacenza verbinden sich mit der Schule.
1986	Nachdem zuerst der Garten, später auch das Haus für die wachsende Schülerzahl zu eng wird, zieht die Schule in ein Provisorium in der Industriezone von Bioggio ausserhalb Luganos, da der durch Einsprachen blockierte Umbau einer grossen Villa, die inzwischen im Grünen an der Peripherie von Lugano, in Origlio erworben werden konnte, noch nicht zum Schulhausbau freigegeben ist.
1992	Die Schule wächst, der Bau auch, und im September zieht die Schule mit zwölf Klassen und zwei Kindergärten in das neue Gebäude ein, das neben den Klassenräumen für etwa 300 Schüler einen kleinen Saal mit Bühne, einen Eurythmiesaal, Physik- und Chemieräume, Werkstätten, Handarbeits- und Malateliers, ein Büro sowie eine Küche mit Mensa bietet. Prof. Alesandro Galli gründete mit Herrn und Frau Kulig eine Goetheschule um die eidgenössische Maturität vorzubereiten (diese besteht nur wenige Jahre).
1997	Im 20. Jahr nach der Schulgründung kann dank einer Erbschaft auch eine Mehrzweckhalle für Schul-Feste und für den Turnunterricht erstellt werden. Die Schule ist umgeben von Wald und in unmittelbarer Nähe zum kleinen Origlio-See gelegen.
2004/05	Intensive Fortbildungsarbeit des Kollegiums.
2006	Beginn der Arbeit über Qualitätsmanagement.
2007	30jähriges Bestehen der Schule.

BESONDERHEIT DER SCHULE

Ein Teil der SchülerInnen und LehrerInnnen kommen aus dem nahen Italien, hauptsächlich aus Como und Varese.

SchülerInnen der jüngeren und noch kleineren Schule in Locarno besuchen seit einigen Jahren die Klassen der Oberstufe in Origlio. Die Schule wird natürlich in italienischer Sprache geführt. Sie nimmt Anteil und steht im engen Kontakt zu den Rudolf Steiner Schulen in der Schweiz aber auch in Italien. Besonders ist der Kontakt mit der Waldorfschule von Milano (eine Stunde Entfernung), da LehrerInnen zum Beispiel an den zwei Schulen unterrichten. Man kann feststellen, dass die Schule durch ihr Wirken im Tessin geachtet und akzeptiert ist.

Quellen   Schulmitteilungen und Auswertung eines Gespräches mit Ursula Piffaretti

LAUSANNE VD

Rudolf Steiner Schule Lausanne Route Bois Genoud 36 1023 Crissier

Die Schule wurde am 6. September 1976 gegründet; Gudrun Mosimann führte die 1. Klasse mit 11 SchülerInnen und D. Claudel führte die 2./3. Klasse mit 9 SchülerInnen.

Neben den beiden Gründungslehrerinnen waren folgende Persönlichkeiten massgebend an der Schulgründung beteiligt: Max Widmer, (Rudolf Steiner Schule Bern), Dr. Pierre Feschotte (Universitätsprofessor in Lausanne), Charles Reymond (Heimleiter von Clair-Val), Marielle und Fédérico Fulgosi (Architekt und 1. Präsident des Schulvereins), Dr. Sibylla Meystre (sie wurde Schulärztin) und ihr Mann Jean-Luc Meystre, Heidi und Martin Rodi (beide wurden später Lehrer an der Schule) und Frédy Kellenberger (später Präsident des Schulvereins).

SCHULCHRONIK

1976   6.September Eröffnung der Schule in einem von der Stadt Lausanne gemieteten Haus am Chemin de la Cigale 27 (Lausanne-Vennes).
1980   Im Garten wird ein doppelräumiger Pavillon aufgebaut.
1982   Umzug nach Morges, wo «La Longeraie», ein ehemaliges Internat «Don Bosco» gemietet wird.
1985   Im Beisein von 70 Kindern wird am 8. Dezember die erste Sonntagshandlung gehalten.
1988   Die Abschlussarbeiten der ersten 12. Klasse werden am 11. Juni gezeigt.
1992   Im Sommer bezieht die Schule provisorische Pavillons auf ihrem neu erworbenen Grundstück in Bois Genoud, am Rande von Lausanne.
2006   Feier zum 30jährigen Bestehen der Schule, DVD: «L'école qui fait aimer l'école».

BESONDERHEIT DER SCHULE

Zwei Lehrerpersönlichkeiten, Michel Hornung, und Carola Golka die von Anfang an durch viele Initiativen die Schulgemeinschaft geprägt und auch begeistert haben, sterben 1994 und 2004.
Die Schule befindet sich auf einem wunderbaren grünen Areal und bildet einen Ort der kreativen Erholung für Schüler, Eltern und Lehrer. Die Schule beherbergt die berufsbegleitende pädagogische Ausbildung der Romandie (Formation pédagogique anthroposophique de Suisse romande, FPAS)

YVERDON VD

Ecole Rudolf Steiner
Rue de la Plaine 9
1400 Yverdon-Les-Bains

Die Schule wurde am 29. September 1987 mit sechs Schülern eröffnet.

1984	Frühling, Eröffnung des Kindergartens an der Rue des Pêcheurs 12 mit Anne Michèle
1987	Michaeli, Eröffnung der Schule in Molondin/Yverdon mit 6 Schülern und den Lehrerinnen C. Konrad und Danielle Hohl. Zu diesem Zeitpunkt kann die Schule von Lausanne aus Platzgründen keine Schüler mehr aufnehmen, auf Wunsch der Eltern, für die Lausanne zu weit ist wird in einer Wohnung in dem Städtchen Molondin, oberhalb von Yverdon der Unterricht aufgenommen.
1989	Die Schule zügelt nach Yverdon, Rue des Pêcheurs.
1990	Der Kindergarten befindet sich in Chamblon und wird von Charlotte Magnenat geführt.
1994	Die Schule hat 106 Schüler in 6 Klassen mit 9 Altersstufen.
1995	Die Schule zieht in die Industriegebäude an die Rue des Pêcheurs 8.
1996	Tiefe Krise der Schule, viele Schüler verlassen die Schule und der Schulverein wird aufgelöst, Bildung eines neuen Schulvereins.
2001	Die Schülerzahl beträgt jetzt 45 Schüler
2003	Nochmalige Auflösung des Schulvereins und ein bestehender Verein «La Chrysalide» übernimmt die Schule. Auf Grund des Umgangs mit finanziellen Problemen erfolgt der Ausschluss aus der Arbeitsgemeinschaft. Eine geringe Schülerzahl (zwischen 40 und 50) bleibt stabil. Die Schule führt nur noch die Klassen 1 bis 6 und den Kindergarten. Die Schule und der Kindergarten ziehen an die Rue de la Plaine.
2007	Die Schule hat 45 Schüler. Die Schule wird wieder in die Arbeitsgemeinschaft aufgenommen.

BESONDERHEIT DER SCHULE

Die Schule führt kleine Klassen mit gemischten Altersstufen.

ZUG   ZG

*Rudolf Steiner
Schule Region Zug
Asylstrasse 15
6340 Baar*

Die Schule wurde am 20. August 1979 mit 60 SchülerInnen in den Klassen 1 bis 4 und sieben LehrerInnen eröffnet.

Das erste Lehrerkollegium bestand aus folgenden Personen: Daniel Wirz, 1979 bis 1994 Klassen- und Fachlehrer, seit 1996 in der Erwachsenenbildung tätig (Freier Pädagogischer Arbeitskreis), hat zahlreiche pädagogische Publikationen veröffentlicht; U. B. Fankhauser, U. Moser, G. Kugler, G. Kuenzli, U. Bleuler. A.M. Helfenstein, H. Bürgi, G. Wiedenbeck, Hans Jaggi, H. Stalder. Im Vorstand sind: E. Hubbeling (Präsidentin), W. Heinz, U. Bättig, A. Niederöst, P. Kuhn, R. Kugler, E. Heinz und H. Ackeret.

SCHULCHRONIK

1975	November, Gründung eines Initiativkreises.
1976	Dezember, Gründung des Rudolf Steiner Schulvereins Zug.
1977	August, Eröffnung des ersten Kindergartens in Zug,
1979	Frühjahr, anmieten des ehemaligen Konkordiahauses, Asylstrasse 15, Baar.
1979	16. August, Erziehungsrat des Kantons Zug erteilt Schulbewilligung. 20. August, Eröffnung der Schule.
1983	Kauf der Nachbarliegenschaft (Matterhaus).
1987	August, Schulbeginn mit 245 SchülerInnen in 10 Klassen, 35 Kindern in zwei Kindergärten, 26 Lehrkräften, 150 Schulfamilien.
1989	August, erstmals eine 12. Klasse.
2002	August, wegen SchülerInnenmangel in den oberen Klassen startet das Schuljahr nur noch mit 9 Klassen.
2004	August, es wird wieder eine 10. Klasse geführt.
2005	Starker Schrumpfungsprozess.
2006	Dezember, Beginn einer Umstrukturierung mit einer provisorischen Schulleitung.

BESONDERHEIT DER SCHULE

Unmittelbar in der Nähe des Bahnhofes gelegen ist die Schule leicht erreichbar. In kleinen Klassenverbänden ist die pädagogische und künstlerische Betreuung der Kinder optimal.

Die Rudolf Steiner Schulen in der Schweiz – Eine Dokumentation

SIHLAU ZH

*Rudolf Steiner
Schule Sihlau
Sihlstrasse 23
8134 Adliswil*

Die Schule «Sihlberg» welche aus dem 3. Klassenzug der Plattenstrasse hervorgegangen und gewachsen ist, bildet 1979 einen eigenen, von der Mutterschule unabhängigen Vorstand und wird auch rechnungsmässig eigenständig. Sie wird 1982 zur Schule «Sihlau» in Adliswil. Bei der Schulgründung gab es schon 150 SchülerInnen aus den fünf Klassen des dritten Klassenzuges der Rudolf Steiner Schule an der Plattenstrasse.

Dr. Hans Broger (1936-2003), ein erfahrener Klassenlehrer prägte durch seine starke Persönlichkeit und seine moralische Stärke die Schule während Jahren. Er vertrat ein anthroposophisches Ideal, welches auch Konfliktpotential in sich barg; er löste sich 1985 von der Schulbewegung, blieb aber künstlerisch und pädagogisch aktiv; bis zu seinem Tod 2003 war er als Bildhauer tätig (siehe Zeitungsartikel von 1984 im «Sihltaler»). Im Vorstand der Schule wirkten ganz besonders die Herren Crettaz, Erni und Escher.

SCHULCHRONIK

- *1979* Die SchülerInnen sind in der Villa Hürlimann auf dem Sihlberg untergebracht.
- *1983* Umzug in das neu erstellte Gebäude in der Sihlau in Adliswil.
- *1985* Abschluss der Bauarbeiten, Gründung eines zweiten Kindergartens.
- *1985* Eine Krise erschüttert die Schulgemeinschaft, die Schule mit einem reduzierten Kollegium beginnt neu mit einer provisorischen Schulleitung.

  Die Rudolf Steiner Schule Albisrieden wird von einem Teil der Lehrer aus der Sihlau gegründet.
- *1990* Abschluss des Ausbaus der Schule bis zur 12. Klasse
- *1993* Medienrummel nach der fristlosen Entlassung eines Lehrers, der sich als Revisionist entpuppt.
- *1994* 320 Kinder aus 175 Familien in 12 Klassen und 2 Kindergärten, unterrichtet von 45 LehrerInnen in Voll- und Teilpensen.
- *2002* Die Rudolf Steiner Schule Albisrieden schliesst und ein Teil der Schüler kommt in die Sihlau
- *2003* Eine gemeinsame Mittelschule mit der Plattenstrasse entsteht.

BESONDERHEIT DER SCHULE

Die Schule hat die eigenen Schulgebäude selber entwickelt und dadurch den Willen nach einer Identität bekundet; sie hat sich autonom weiterentwickelt und nun wieder seit 2003 mit der Plattenstrasse in einer pädagogischen Partnerschaft verbunden, um eine integrierte Mittelschule – «Atelierschule» – zu ermöglichen.

Heinz Zimmermann, Robert Thomas

WINTERTHUR   ZH

Rudolf Steiner Schule Winterthur
Maienstrasse 15
8406 Winterthur

Die Schule wurde am 26. April 1975 mit 18 SchülerInnen in der 1. Klasse, 24 Kindern im Kindergarten und vier Lehrkräften gegründet. Der Gründungslehrer ist Ernst Heinzer aus Basel.

1965	Im «Hans Christian Andersen Zweig» der anthroposophischen Gesellschaft wird der Gedanke bewegt, ob in Winterthur eine Rudolf Steiner Schule zu gründen sei.
1968	Gespräch mit Lehrern der Rudolf Steiner Schule Zürich, um sich zu orientieren.
1970	15. Mai, Gründung des Schulvereins mit den folgenden Vorstandsmitgliedern: Ernst Bärtschi (Leiter für die Sicherheitsvorkehrung beim Sulzer Konzern), Germaine Neukom (befasst sich schon vor der Schuleröffnung aktiv mit der Durchführung von Bazaren). Karl Neukom (von ihm kommt der entscheidende Impuls zur Schulgründung), Johannes Aebersold (Mathematiklehrer am Technikum Winterthur und Übertrager von Vorträgen R. Steiners in Blindenschrift). Auch Fritz Kämpfer, Arnold Kupper, Jacques Hug, Herr und Frau Zeindler, Albert Blatter und Hans Kaiser haben diese Schulgründung intensiv vorangetrieben. Eine Vortragsreihe mit Rudolf Grosse (Goetheanum) wird ein Erfolg.
1972	Frühling, in Bahnhofsnähe wird ein Kindergarten eröffnet.
1975	26. April, feierliche, offizielle Eröffnung der Rudolf Steiner Schule an der Maienstrasse 15 im fertiggestellten Saal.
1975	28. April, Beginn des Unterrichts für 18 ErstklässlerInnen.
1995	Nach 20 Jahren gelingt der Vollausbau auf zwölf Klassen. Um für alle 12 Klassen Platz zu finden wird an der Maienstrasse 13 und an der Oberen Briggerstrasse 20 je ein Haus erworben.
2002	Die Oberstufe bekommt ein neues Profil «Berufswelt orientierte Oberstufe» mit Praktika.
2005	Eine externe Beratung wird angefragt.
2007	Die Schule gibt sich eine neue Leitungsstruktur.

BESONDERHEIT DER SCHULE

Die Schule bietet einen vollständigen Bildungsgang vom Kindergarten bis zum IMS-Abschluss an; dabei ist die «Berufswelt orientierte Oberstufe» einmalig in der Region. Die neuen Leitungsstrukturen verbessern die Effizienz.

Die Rudolf Steiner Schulen in der Schweiz – Eine Dokumentation

ZÜRCHER OBERLAND ZH

Rudolf Steiner Schule Zürcher Oberland
Usterstrasse 141
8620 Wetzikon

Die Schule wurde 1976 mit 75 SchülerInnen in den Klassenstufen 1.–5. in drei Klassen eröffnet.

Gründungspersönlichkeiten: Dr. R.C. Salgo (Ingenieurbüro für angewandte Mathematik und Physik), Dr. Nicolas Zbinden (Dozent und Lehrer am Seminar Küsnacht, an der Maturitätsschule für Erwachsene in Zürich und an der Oberstufe der Rudolf Steiner Schule Zürich), Peter Wirth und Rosmarie Rist (Schulmutter, Lehrerin, Dozentin) haben stark die Schulentwicklung geprägt.

SCHULCHRONIK

- **1972** Gründung der Freien Schulvereinigung,
- **1976** Eröffnung der Schule im von der Schulgemeinde Wetzikon gemieteten Tösstal-Schulhaus in Wetzikon-Oberkempten mit 75 Schülern und Schülerinnen.
- **1978** Kauf der Villa Haldengut mit Grundstück.
- **1980** Kündigung des Tösstal-Schulhauses durch die Gemeinde Wetzikon.
- **1981** Umzug ins Provisoriums auf dem neuen Gelände.
- **1984** Einreichung eines Gesamtbauprojektes beim Bauamt Wetzikon.
- **1985** Baubeginn des Saalbaus. (Architekt Walter Känel).
- **1990** Baubeginn des neuen Kindergartengebäudes.
- **1999** Baubeginn des neuen Klassentrakts.
- **2002** Bezug des 2. Teils des neuen Klassentrakts (Architekt Walter Känel).
- **2003** Gründung des Vereins «Kulturplatz Wetzikon» als Träger aller kulturellen Veranstaltungen an der Schule, sowohl der schulischen als auch nicht schulischen. Der grosse Saal mit 500 ansteigenden Zuschauerplätzen hat sich zu einem öffentlichen «Kulturplatz» im Zürcher Oberland entwickelt. Der Verein «Kulturplatz» ist einer der grösseren Kulturveranstalter in der Region; es finden an die 40 Veranstaltungen pro Jahr statt. Der Verein wird von Gemeinde und Kanton unterstützt. Die Gewinne des Vereins gehen an die Schule
- **2006** Der Film «Abschied von Mozart» von Christian Labhart macht die Schule auf nationaler Ebene bekannt.

BESONDERHEIT DER SCHULE

Gründung der Schule aus einem freiheitlichen Impuls heraus, die Idee der Schulgebäude geht auf die Schulgründung zurück. Die Schule versucht in mehrerer Hinsicht, ein Gleichgewicht zu erreichen zwischen Individualität und Gruppe – oder: Integrative Mittelschule im wahrsten Sinne des Wortes: breites Fächerspektrum und individuelle Schwerpunkte. Bewusstsein in der Lehrerschaft, dass die Jugendlichen auch Freizeit brauchen. Individuelle Sonderlösungen für SpitzensportlerInnen, MusikerInnen, usw. Zusammenarbeit mit den Eltern im Hinblick auf die Berufswahl. Leistung und Sozialkompetenz: Noten ab der 11. Klasse. Bewusste Förderung von Schlüsselqualifikationen wie Kreativität, Einsatz, Durchhaltewillen, Zeitmanagement, Verantwortungsbewusstsein, Teamfähigkeit, usw.

ATELIERSCHULE ZH

Integrative Mittelschule der Rudolf Steiner Schulen Silhau und Zürich: die Atelierschule Plattenstrasse 37 8032 Zürich

Die Mittelschule wurde am 18. August 2003 eröffnet. Der pädagogische und administrative Schulbetrieb der Atelierschule Zürich wird vom Kollegium geleitet, das als einfache Gesellschaft organisiert ist. Kollegium und Schulleitung befinden sich an der Schule in ständiger partnerschaftlicher Zusammenarbeit mit dem Schulrat des Trägervereins, dem Schüler-Forum, dem Eltern-Forum, den beiden Trägerschulen und der Elternbeitragskommission. Dem Kollegium sind individuelle Verantwortlichkeit, Rechenschaft über die Schulentwicklung, Weiterbildung und ein gutes Schulklima wesentliche Anliegen.

SCHULCHRONIK

2002   Sommer, Kollegien, Schulvereinigungen und Elternschaften Rudolf Steiner Schule Zürich an der Plattenstrasse und der Rudolf Steiner Schule Sihlau in Adliswil beschliessen die Zusammenlegung ihrer oberen Klassen und den Aufbau einer gemeinsamen Mittelschule mit neuem Schulkonzept.

2003   Die Projektorganisation übergibt die Verantwortung an die Organe der neuen Mittelschule: Kollegium mit Schulleitung, Trägerverein mit Schulrat, Schüler-Forum und Eltern-Forum.

2003   18. August, Festliche Eröffnung der Atelierschule Zürich, Integrative Mittelschule der Rudolf Steiner Schulen Sihlau und Zürich, an der Plattenstrasse mit Gastreden, Musik und Darbietungen von Klassen der beiden Trägerschulen.

2003   30. September, Gründungsversammlung des Trägervereins Atelierschule Zürich. Oktober, das definitive Schulkonzept kann bei der Bildungsdirektion des Kantons Zürich eingereicht werden.

2004   Januar, die Bildungsdirektorin des Kantons Zürich, Regine Aeppli, erteilt der Zürcher Kantonalen Maturitätskommission (ZKMK), präsidiert von Prof. Dr. Peter Schulthess, das Mandat zur Überprüfung des Bildungsgangs zur Maturität ab 10. Klassen 2003/04. Die ersten Schüler- und Eltern-Foren der Atelierschule werden veranstaltet.

2004   August, mit zwei 10. Klassen beginnen die ersten Klassenzüge, die Schülerinnen und Schüler differenziert zum Schulabschluss Zertifikat IMS (nach 12. Schuljahr) oder zur Maturität (nach 13. Schuljahr) führen sollen. Die Zürcher Kantonale Maturitätskommission nimmt mit Schulbesuchen die Überprüfung des Bildungsgangs zur Maturität an der Atelierschule auf.

BESONDERHEIT DER SCHULE

Die Atelierschule Zürich ist die erste Rudolf Steiner Schule in der Schweiz, die als Integrative Mittelschule IMS einen Bildungsgang zur Maturität an der Schule (10.-13. Klasse) aufbaut. Zugleich beteiligt sich die Atelierschule an den Bestrebungen der Integrativen Mittelschulen (IMS) der schweizerischen Rudolf Steiner Schulen, den Anschluss der Schülerinnen und Schüler an Höhere Fachschulen und Studienrichtungen der Fachhochschulen zu wahren.

ZÜRICH ZH

Rudolf Steiner Schule Zürich
Plattenstrasse 37
8032 Zürich

Die Schule wurde am 2. Mai 1926 mit 12 Kindern in den Klassen 1 bis 3 zunächst an der Kinkelstrasse 6 eröffnet.

SCHULCHRONIK

1926 Noch im selben Jahr der Schulgründung erlaubt es eine glückliche Fügung, dass die Räume an der Plattenstrasse 39 bezogen werden können.

1927 Die Monatszeitschrift «Die Menschenschule» erscheint, herausgegeben von C.Englert.

1928 35 Kinder werden von vier Klassenlehrern unterrichtet: Curt Englert-Faye, Johannes Waeger, Max Schenk und Bertha Heller. Marguerite Lobeck übernimmt die Eurythmie.

1931 Frl. A. Tobler ergreift die Initiative den ersten Kindergarten aufgrund der Pädagogik Rudolf Steiner in Zürich zu führen. Er befindet sich an der Voltastrasse 29 (leider muss sie den Kindergarten aus gesundheitlichen Gründen schliessen und so entsteht ein Unterbruch bis Anfang der 40er Jahre).

1932 Die Schule veranstaltet den ersten Weihnachtsverkauf, der Reinertrag: rund Frs 800,-.

1934 Zum siebten Geburtstag der Schule gibt die Lehrerschaft ein Buch heraus: «Menschenbildung» (Rezension in der NZZ).

1937 Curt Englert folgt dem Ruf anthroposophischer Freunde in Norwegen, um einerseits die pädagogische Aufbauarbeit zu unterstützen und andererseits die Aufgabe des Generalsekretärs der anthroposophischen Landesgesellschaft wahrzunehmen.

1945 Die erste 10. Klasse wird eröffnet. (1.12.1945 Curt Englert, Klassenlehrer und Schulgründer stirbt in Oslo).

1946 Die Schülerzahl hat sich auf 250 erhöht und der Erwerb des Nachbarhauses Plattenstrasse 37 wird trotz knapper Finanzen realisiert.

1948 Einführung des freien, christlichen Religionsunterrichts

1949 Ein grosser Saal mit Bühne und eine Turnhalle bereichern die Möglichkeit der Schule.

1951 Die pädagogische Sommertagung findet zum ersten Mal statt. 100 TeilnehmerInnen aus Schweizer Rudolf Steiner Schulen und Staatsschulen, aber auch Lehrer aus Deutschland, Holland, Schweden, Italien finden sich ein.

1952 Zum ersten Mal werden zwei erste Klassen geführt.

1959 Der Status «Selbstständigerwerbend» der LehrerInnen wird durch das Eidgenössische Versicherungsgericht bestätigt (12. Juni).

1962 Erweiterung des Schulplatzes durch den Erwerb des Hauses Plattenstrasse 33.

1963 Tod von Max Schenk, Klassenlehrer und Mitbegründer der Schule.

1967 Die zwei Kindergärten werden in die Schule integriert.

1968	Ein zweiter Eurythmiesaal, den der Architekt Wehrli unter dem Pausenplatz neben dem Neubau errichtet hat, wird zur Benützung frei.
1969	Zum Jubiläum 50 Jahre Rudolf Steiner Schule (September 1919 in Stuttgart) veranstalten die drei Schweizer Schulen (Basel, Bern und Zürich) eine Wanderausstellung; Die Ausstellung in Zürich auf einem Schiff am Bürkliplatz wird von der Öffentlichkeit gewürdigt (S. Widmer, Staatpräsident, Dr. M. Müller-Wieland und Prof. J. Lutz)
1970	Erstmalige Führung einer 12. Klasse.
1971	Tod von Paul Jenny (massgeblich an der Schulgründung beteiligt als Vorstandsmitglied)
1974	Die Lehrerschaft spielt zum ersten Mal die «Oberuferer Weihnachtsspiele»
1976	Die dritte 1. Klasse kann in den Räumen der PKZ im Quartier Enge den Unterricht beginnen. Die Schule hat mit 700 SchülerInnen an ihrem 50. Geburtstag den Höchststand erreicht. Mit dem Erwerb der Liegenschaft Zürichbergstrasse 27 werden Möglichkeiten frei für Lehrerwohnungen (der untere Teil des Hauses wird später zu Schulräumen – Naturwissenschaft – umgebaut).
1977	Der dritte Klassenzug kann in den Räumen des «Hürlimann-Schlösschens» am Sihlberg unterkommen. Tod des Arztes Hans-Werner Zbinden, Schulmitbegründer.
1979	Gründung des berufsbegleitenden Rudolf Steiner Seminars mit 22 TeilnehmerInnen
1980	Die Schule Sihlberg (dritter Klassenzug) wird selbständig und zwei Jahre später zur Schule Sihlau in Adliswil.
1983	Die Schulvereinigung erwirbt das Haus an der Plattenstrasse 50 und hilft dadurch, die Raumnot zu lindern. Das Musikerehepaar A. und Ch. Escher ergreift die Initiative zur Instrumentenpflege und schafft damit für viele SchülerInnen eine Möglichkeit ein Instrument auszuleihen. Mit dem Tod des Lehrers und Redaktors Hans-Rudolf Niederhäuser wird das weitere Erscheinen der Zeitschrift «Die Menschenschule» eingestellt.
1984	Gründungsversammlung der Maturitätsschule für Absolventen von Rudolf Steiner Schulen (der sogenannten MARS).
1985	Als Folge eines Konfliktes in der «Sihlau Schule» entsteht die Gründung der 3. Schule im Raum Zürich, die «Rudolf Steiner Schule Albisrieden».
1986	Marguerite Lobeck, Eurythmistin, stirbt als letztes Mitglied des an der Gründung von 1927 beteiligten Kollegiums kurz vor ihrem 93. Geburtstag.
1989	Abschluss von Renovationsarbeiten und Errichtung eines neuen Gebäudes.
1992	Die Schule zählt 642 SchülerInnen und 354 Familien (mit Kindergarten)
1996	Ein Schülerrückgang beginnt und prägt die kommenden Jahre.

1999 Neue innovative Selbstverwaltungsformen werden eingeführt (Schulfinanzierung, Konfliktbewältigung ....)

2002 Die Schulgemeinschaften der Rudolf Steiner Schule Plattenstrasse und Adliswil beschliessen die Zusammenlegung ihrer oberen Klassen und den Aufbau einer gemeinsamen Mittelschule der Atelierschule Zürich.

2003 Festliche Eröffnung der Atelierschule Zürich, Integrative Mittelschule der Rudolf Steiner Schule Sihlau und Zürich.

2005 Eine neue Schulstruktur durch die Leitung von E. Anderegg ermöglicht eine Stabilisierung der Schülerzahlen in der Unterstufe; ein neues Wachstum auch in der Mittelschule beginnt.

BESONDERHEIT DER SCHULE

Die Schule bietet vom Kindergarten bis zur 9. Klasse einen Bildungsgang; die SchülerInnen können anschliessend die Atelierschule besuchen.

WEITERE SCHULEN

Rudolf Steiner Heim- Im Frühjahr 1951 gründeten Elisabeth und Rudolf Kutzli in einem al-
schule Montolieu ten Haus in Bussigny bei Lausanne die Rudolf Steiner Heimschule
1951-1972 Montolieu. Neben dem Schulunterricht auf Grundlage der Pädagogik
Rudolf Steiners sollten die Kinder – es wurden nur körperlich gesunde und geistig normale Kinder aufgenommen – durch die Aufnahme
in einzelne Mitarbeiterfamilien auch ein Zuhause finden. Aufgrund
der Nachfrage wurde das Haus bald zu klein und im Frühjahr 1959
zog die Schule nach Chamby oberhalb von Montreux, wo sie bis zu
ihrer Schliessung 1972 blieb. Der Unterricht wurde auf Deutsch erteilt, jedoch legte man einen besonderen Wert auf einen intensiven
Französischunterricht. Die Schüler, die aus vielen verschiedenen Ländern kamen, suchten ein förderndes Milieu. Teils waren es Schüler,
die sich noch nicht für eine Berufswahl entschliessen konnten und
schliesslich auch solche, die mit Schulschwierigkeiten zu kämpfen
hatten. Die in der Blütezeit ungefähr 80 Mädchen und Jungen wurden
vom 1. bis zum 11. Schuljahr betreut und konnten nach dem 10. Schuljahr ein Abschlusszeugnis erwerben (Certificat d'Etude).

Quelle *Festschrift «50 Jahre Pädagogik Rudolf Steiners» 1969*

Chur Der Schulverein wurde 1975 gegründet und die Schule 1978 eröffnet.
1978-2001 Rudolf Grosse, Leiter der Pädagogischen Sektion am Goetheanum,
hat den Eröffnungsvortrag gehalten und auch die Lehrerschaft beraten. Ein öffentlicher Vortrag von Manfred Leist (Bund der deutschen
Waldorfschulen) hat Aufsehen erregt. Besonders aber hat Max Zumbühl aus Bern jahrelang seine Erfahrung in die Schule einfliessen lassen; auch Otfried Dörfler aus Basel hat an Konferenzarbeiten teilgenommen und pädagogische Vorträge gehalten. Der Impuls der Schulgründung kam von Armin Engewald (1942-2007) und Willy Byland.
Letzterer verlor kurz nach der Gründung das Leben bei einem tragi-
schen Unfall mit der Eisenbahn. Die ersten Lehrer waren Bruno Haueter und Christoph Joos. Armin Engelwald war damals in der Rudolf
Steiner Schule Biel tätig. Er kam aber später mit seiner Frau wieder
nach Chur. Sie wurde Klassenlehrerin und er baute die Oberstufe auf.
Die Schule hatte in ihren besten Zeiten etwa 100 SchülerInnen. Diese
kamen vor allem aus dem Rheintal südlich von Chur. Nach der Gründung der Liechtensteiner Waldorfschule (1985) ging die Schülerzahl
zurück.
Schon 1986 sind verschiedene Konflikte aufgetreten. Durch die Hilfe
von zahlreichen BeraterInnen (u.a Bernhard Aeschlimann, Hans Kuratli und Rosmarie Rist) gelang es, dass die Schule auch mit wenig
Kindern (2000: 20 SchülerInnen) weiter geführt werden konnte.

Marbach Die Schule öffnete am 13. August 1989, 70 Jahre nach der ersten
1989-2001 Waldorfschule ihre Tore für sieben Erst- und einen Zweitklässler. Der
Schulraum befand sich in einer umgebauten Scheune eines Bauern-
hauses in Marbach, einem 2000 Seelendorf im St. Galler Rheintal.
Von der Schulbehörde der Gemeinde wurde die Schule sehr wohl-
wollend aufgenommen, steht doch in der Gemeinde seit 1910 das anthroposophisch orientierte Sonderschulheim Oberfeld. Die Menschen

dort hatten schon immer ihre «Eigenheiten». So wollten viele für ihre Kinder ein anderes, als das staatliche Einheits-Schulmodell. Im siebten Bestehungsjahr bekam die Schule sogar für jedes Kind aus Marbach einen Betrag von 1000.- Fr. von der Schulgemeinde Marbach. Wegen so genannter «verschwenderischer Haushaltführung» wurde die Hilfe aber bald vom Erziehungsdepartement St. Gallen gestrichen. Langsam wuchs die Zahl der Schüler und es kamen sogar Kinder aus dem benachbarten Vorarlberg hinzu. Die Schule war für die Klassen 1-6 konzipiert. Danach sollte den Kindern der Weg nach St. Gallen oder Schaan (die Nachbarschulen) zugemutet werden können. Nach der schwierigen Suche nach einem neuen Lehrer wuchsen die Schülerzahlen wieder recht schnell, ja man musste sogar nach neuen Schulräumen Ausschau halten. Auch kam der Wunsch der Eltern auf, die Schule bis zur neunten Klasse weiterzuführen, da viele «Quereinsteiger» erst in der 5. und 6. Klasse dazu stiessen. Für einige Schüler bekam die Schule von der IV Beiträge für «Sonderschüler im Einzelfall». Nur so konnte die Schule im schweizerischen Schulsystem weitergeführt werden. Nach vielen Provisorien mit drei Klassenlehrern und einer neuen Kindergärtnerin konnte man schliesslich im Winter 2000 in ein ideales Gebäude, welches dem Dotationsverein der anthroposophischen Gesellschaft gehörte, nach Heerbrugg umziehen. Das Ganze war aber ein finanzielles Wagnis, da unter anderem die Miete für das Gebäude sehr hoch war, und man auch für die Renovation nicht nur auf ehrenamtliche Elternarbeit zurückgreifen konnte. Im Frühjahr 2001 verliess ein Lehrer die Schule ziemlich überstürzt und es wurde klar, dass auch die Löhne von zwei weiteren Lehrern nicht mehr gesichert waren, worauf diese kündigten. Mit zwei Lehrerinnen führte man den Unterricht nun noch bis im Winter 2001. Am 21.Dezember 2001 schloss die R. Steiner Schule Rheintal definitiv ihre Tore.
Quelle: nach einem Text von Ueli Albertin

Steckborn
1988-2001

Gregor Scherer, Klassenlehrer in Zürich hatte schon Anfang der 80er-Jahre die Idee, eine Schule auf dem Lande mit einem besonderen Profil für Jugendlichen zu gründen. Nach einer intensiven Suche im Jura und an verschiedenen Orten in der Schweiz gründete er mit Hugo Wandeler (Vorstand) in Steckborn am Bodensee ein Internat, um Jugendlichen neue Entwicklungen im Mittelschulbereich zu ermöglichen. Später wurde unter dem Impuls von Martin Beck das Internat als Waldorfinternat über die Grenzen hinaus bekannt. Unter der künstlerischen Leitung von Heinz Bähler (Musiklehrer) entstand der Glarisegger Chor, welcher nationale Anerkennung fand und immer noch findet. Auf Grund des Schülerrückgangs und damit verbundenen finanziellen Engpässen musste das Internat im Juni 2001 schliessen. Alle SchülerInnen fanden in den benachbarten Rudolf Steiner Schulen Plätze. Die Schliessung des Internats wurde Anlass für eine gründliche Analyse, die Elisabeth Anderegg im Auftrag der Schulbewegung führte (siehe Quellenverzeichnis).

Ecole Rudolf Steiner du canton de Neuchâtel
1984-2000

Le destin de La Coudraie a débuté le 8 novembre 1980 lors d'un cours de dessin dynamique animé par Herman Birkenmeier et organisé par Josiane Simonin. Marc Desaules, Anita Grandjean, Isabelle Nicolet et Josiane Simonin étaient présents et se rencontraient pour la première fois. Ils ne soupçonnaient pas qu'ils allaient permettre qu'une école Steiner s'ouvre dans le Canton de Neuchâtel dans les locaux mêmes où ils s'étaient rencontrés pour la première fois. La Coudraie peut s'ouvrir sans autorisation du Canton en 1984, car aucune loi n'existe sur les écoles privées. Un arrêté sera introduit en 1986. La Coudraie: c'est l'endroit où sont plantés des noisetiers, c'est-à-dire une volonté de l'homme et non pas l'expression de la nature.

CHRONIQUE

1984 Création de la base juridique de l'Ecole le 17 février sous forme d'une petite association de quelques membres: Rémy Grandjean (Président), Marc Desaules (Trésorier), Isabelle Nicolet et Anita Grandjean (Administration) ainsi que le collège des maîtres.
Ouverture de La Coudraie dans une ancienne ferme à La Jonchère le 20 août 1984. 20 élèves et le collège des professeurs formé de: Isabelle Goumaz, Maurice Le Guerrannic, Peter Moddel, Josiane Simonin, Jacqueline Gillabert

1985 33 élèves, cinq enseignants et le nouveau médecin de l'école: Ulrich Muller, «Journées d'études de la pédagogie de Rudolf Steiner»

1986 Achat et rénovation d'une ancienne ferme aux Geneveys s/Coffrane, étape rendue possible par la création d'une société anonyme «La Coudraie SA».

1988 L'année scolaire débute dans le nouveau bâtiment aux Geneveys s/Coffrane.

1991 Pièce de théâtre de la 8ème classe: Guillaume Tell de Schiller. Ces élèves vont quitter l'école, car il n'est pas possible d'introduire les grandes classes. Début du regroupement des classes.

1992 115 élèves, 13 enseignants. Création d'un comité de crise.

1994 Introduction d'une 9ème classe.

1997 65 élèves, 7 enseignants. Début d'un travail avec MM. Robert Thomas et Jürg Voellmy du Cercle des Conseillers des Ecoles Steiner de Suisse.

2000 58 élèves, 8 classes, 3 enseignants.
Fermeture de La Coudraie. La grande majorité des élèves a été acceptée dans d'autres écoles Steiner. Une cérémonie de clôture a lieu le 24 juin. Le bâtiment devra être vendu à perte et la société liquidée.

D'après un texte de Josiane Simonin (Décembre 2006)

Zürich/Albisrieden
1985 – 2002

Die Rudolf Steiner Schule Albisrieden ist eine Quartierschule gewesen, die sich aus einer Krisensituation der Rudolf Steiner Schule Sihlau entwickelte und verselbständigte. Die Herren H. Marthe, B. Klieber, Wiederkehr und Obschlager haben sich für diese Einrichtung engagiert; erfolgreiche pädagogische Jahre in Albisrieden/Zürich brachte der Schule eine Anerkennung im Quartier. Wegen einem grossen Schülerrückgang musste die Schule 2002 schliessen. Die Zusammenarbeit mit der Schulbewegung blieb immer auf ein Minimum begrenzt.

DOKUMENTE

KERNLEITBILD FÜR DIE RUDOLF STEINER SCHULEN IN DER SCHWEIZ

Die Rudolf Steiner Schulen sind autonome öffentliche Schulen in nicht staatlicher Trägerschaft; sie sind allen Bevölkerungskreisen zugänglich, unabhängig von deren weltanschaulich-religiöser oder politischer Haltung und wirtschaftlicher Situation.

Die Rudolf Steiner Schulen vertreten ein eigenständiges pädagogisches Anliegen. Sie orientieren sich konsequent an den Entwicklungsbedürfnissen des heranwachsenden Menschen. Die Geisteswissenschaft Rudolf Steiners ist für die Unterrichtenden die Grundlage für das Verständnis und den Umgang mit dieser Entwicklung.

Durch die angestrebte Pädagogik sollen die Kinder und Jugendlichen Selbstständigkeit entwickeln und Initiativkraft, soziales Verantwortungsbewusstsein sowie schöpferische Fähigkeiten entfalten.

Die Rudolf Steiner Schulen führen im vollen Ausbau vom Kindergarten bis zum 12. Schuljahr.

Durch pädagogisch-didaktische Mittel werden die jeweiligen Entwicklungsphasen begleitet. Immer geht es im weitesten Sinne – physisch, seelisch, geistig – um erlebnisstarke Beziehungen zur Welt, zum Mitmenschen und zu sich selber, welche das Kind und der Jugendliche suchen; sie bilden das Fundament für das Verständnis von Welt und Mensch.

Dabei kommt der künstlerischen Tätigkeit auf allen Altersstufen eine besondere Rolle zu. Es geht um das Fördern von Entwicklungen, indem Lernziele verfolgt und erreicht werden. Rudolf Steiner Schulen führen Jahrgangsklassen ohne Selektion, was grosse Möglichkeiten der sozialen Erziehung eröffnet.

Durch diese Pädagogik werden die wesentlichen Forderungen unserer Zeit nach Teamfähigkeit, Fantasie und vernetztem Denken in einem Umfeld des lebenslangen Lernens in nachhaltiger Weise erfüllt.

LEITBILD DER ELEMENTARSTUFE RUDOLF-STEINER-PÄDAGOGIK

Die Lehrpersonen im Elementarbereich unterstützen und begleiten die Entwicklung und Selbstwerdung des Kindes und tragen der individuellen Förderung Rechnung. Sie gehen davon aus, dass der Mensch seinen Ursprung in der geistigen Welt hat und von dort Schicksals- und Entwicklungsimpulse für den Lebensweg mitbringt. Diesen Tatsachen begegnen die Lehrpersonen mit Achtsamkeit. Auf der Grundlage exakter Beobachtung und Reflexion im Alltag schaffen sie einen kindgemässen Rahmen, der Raum gibt für selbst bestimmtes Erfahren, Tätigsein und Lernen. Im Spannungsfeld von Eigenaktivität, Wahrnehmen der anderen und im gemeinsamen Tun entwickeln Kinder soziale Kompetenzen. Dies wird von den Lehrpersonen als Beitrag zur Friedenserziehung verstanden. Die ersten Kindheitsjahre bis zur Schulreife bilden die Grundlage für alle späteren biographischen Prozesse und brauchen daher einen besonderen Schutz.

Alle pädagogischen Bemühungen zielen darauf hin, die leibliche und seelisch-geistige Gesundheit als Voraussetzung für die spätere Entwicklung, Lernbereitschaft und Bewältigung des Lebens zu fördern.

LEITSÄTZE

Alles zu seiner Zeit — Jedes Kind entwickelt sich einerseits nach allgemeinen Entwicklungsgesetzen und andererseits nach individuellen Gegebenheiten. Dem Kind Zeit zu lassen, ermöglicht die notwendige Organreife. Auch das Gehirn bedarf der Reifungszeit bis hin zur bestmöglichen intellektuellen Kapazität im Schul- und Erwachsenenalter. Die an der Organreife wirkenden Lebenskräfte stehen später als Bewusstseins- und Denkkräfte zur Verfügung. Diese Kräfte gilt es für eine optimale Entwicklung zu erhalten und nicht durch intellektuelle Einseitigkeit zum falschen Zeitpunkt frühzeitig zu verbrauchen.

Vorbild und Nachahmung — Die altersspezifische Lerndisposition im frühen Kindesalter ist die Nachahmungsfähigkeit. Das Gehenlernen, den Spracherwerb und das Erleben des eigenen Denkens lernt das Kind nicht durch technisch vermittelte Erfahrungen, sondern nur durch tätige menschliche Vorbilder, die den Kindern Zuwendung geben.

Sinneserfahrungen — Die Lehrpersonen des Elementarbereichs legen grossen Wert darauf, dem Kind echte und vielfältige Sinneserfahrungen zu ermöglichen. Diese fördern ein Realität bezogenes Denken und bilden die Grundlage für ein verantwortungsvolles Umgehen mit allem Lebendigen. Zu Gunsten von eigenen, lebendigen Lernerfahrungen in der realen Umwelt wird auf dieser Entwicklungsstufe bewusst auf technische Medien und Lernspiele verzichtet.

Spiel — Dem freien kreativen Spiel kommt eine lebensbildende Bedeutung zu. Deshalb wird ihm viel Zeit und Raum eingeräumt. Das natürliche Spielmaterial ist so gewählt, dass das Kind eine möglichst hohe Eigenaktivität entwickeln und seine Phantasiekräfte entfalten kann.

Rhythmus und Wiederholung	Rhythmus und Wiederholung sind tragende Elemente der Tages- und Wochenstruktur. Das Jahr wird im Einklang mit dem Jahreskreislauf und den verschiedenen Festeszeiten gestaltet. Regelmässige Rhythmen und viel Wiederholung vermitteln dem Kind Sicherheit und Geborgenheit. Dadurch erlebt es die Welt als vertrauenswürdig und zuverlässig. Freie Tätigkeiten des Kindes, geführte Tätigkeiten durch die Erziehenden und künstlerische Aktivitäten wechseln in gesundem Rhythmus ab und kräftigen durch das wiederholende Tun die Willens- und Gedächtnisbildung des Kindes.
Zusammenarbeit	Die Erziehungsaufgabe wird in enger Zusammenarbeit mit dem Elternhaus sowie ÄrztInnen und TherapeutInnen wahrgenommen. Die kollegiale Zusammenarbeit im Vorschul- und Schulbereich an wöchentlichen Konferenzen optimiert die gemeinsame Wahrnehmung der Gesamtentwicklung der Kinder und erleichtert deren spezielle Förderung.
	Die anthroposophische Menschenkunde von Rudolf Steiner bildet die Erkenntnisgrundlage für die Arbeit der Fachkräfte.
Weiterbildung	An regelmässigen Konferenzen, Regionaltreffen, schweizerischen Fachtagungen und internationalen Tagungen sowie durch die Teilnahme an Weiterbildungsangeboten wird die Pädagogik im persönlichen Bemühen im Sinne eines „lebenslangen Lernens" fortlaufend entwickelt.

STATUTEN DES VEREINS DER ARBEITSGEMEINSCHAFT DER RUDOLF STEINER SCHULEN IN DER SCHWEIZ UND LIECHTENSTEIN

Artikel 1 Unter dem Namen Arbeitsgemeinschaft der Rudolf Steiner Schulen in der Schweiz und Liechtenstein besteht gemäss Artikel 60-79 des Schweizerischen Zivilgesetzbuchs ein Verein mit Sitz am Ort der Koordinationsstelle. Der Verein ist gemeinnützig sowie politisch und konfessionell neutral.

Artikel 2 ZWECK
Der Verein bezweckt:
– Die Rudolf Steiner Schulbewegung nach innen und aussen zu repräsentieren
– Die bildungspolitische, pädagogische und administrative Zusammenarbeit unter den Mitgliedern zu fördern und zu koordinieren
– Die Rudolf Steiner Pädagogik zu fördern
– Den Namen «Rudolf Steiner Schule» zu schützen
– Der Verein verfolgt keine kommerziellen Zwecke und erstrebt keinen Gewinn.

Artikel 3 MITGLIEDSCHAFT
Mitglieder können Schulen und Institutionen werden, die der Rudolf Steiner Pädagogik verpflichtet sind.
Jedes Mitglied wird vertreten durch zwei mandatierte Delegierte. Doppelmandate sind möglich, wenn der Delegierte an beiden Schulen tätig ist.
Die Aufnahme erfolgt auf schriftliches Gesuch durch den Vorstand nach Anhörung der Arbeitsgemeinschaft. Er kann die Aufnahme ohne Angabe von Gründen verweigern. Die Mitgliedschaft erlischt mit der Schliessung der Schule/Institution, mit dem Austritt oder dem Ausschluss. Der Austritt erfolgt durch schriftliche Mitteilung an den Vorstand. Der Ausschluss eines Mitglieds kann nach Anhörung der Arbeitsgemeinschaft vom Vorstand ohne Angabe von Gründen mit sofortiger Wirkung beschlossen werden.

Artikel 4 MITGLIEDERBEITRAG, HAFTUNG
Der jährliche Mitgliederbeitrag beträgt Fr. 100.–. Bei Erlöschen der Mitgliedschaft während des Jahres bleibt der Beitrag für das ganze Vereinsjahr geschuldet. Für Verbindlichkeiten des Vereins haftet ausschliesslich das Vereinsvermögen. Für Organe, die für den Verein handeln bleibt Art. 55 Abs. 2 ZGB vorbehalten und für Hilfspersonen Art. 55 OR.

Artikel 5 ORGANE
Die Organe des Vereins sind
1. die Mitgliederversammlung («Arbeitsgemeinschaft»)
2. der Vorstand «(Beirat»)
3. die Koordinationsstelle
4. die Kontrollstelle

Artikel 6 **MITGLIEDERVERSAMMLUNG**

Die Mitgliederversammlung ist das oberste Organ des Vereins.
Die ordentliche Mitgliederversammlung findet in der Regel im 1. Quartal des Vereinsjahres statt mit Beginn am 1. Juli. Anträge der Mitglieder können bis vier Wochen vor der Mitgliederversammlung schriftlich beim Präsidenten/Präsidentin eingereicht werden.

Eine ausserordentliche Mitgliederversammlung kann vom Vorstand jederzeit angesetzt werden, wenn es die Geschäfte erfordern. Er muss eine solche einberufen, wenn ein Fünftel der Mitglieder dies schriftlich mit Angabe der zu behandelnden Traktanden vom Vorstand verlangt. Die schriftliche Einladung der Mitglieder muss spätestens 14 Tage vor der Versammlung durch den Vorstand unter Angabe der Traktanden erfolgen.

Nur anwesende Delegierte können ihre Stimme abgeben.

Die Mitgliederversammlung hat folgende Aufgaben und Kompetenzen:

1. die Genehmigung des Protokolls der letzten Mitgliederversammlung
2. die Genehmigung des Tätigkeitsberichts des Vorstands und der Koordinationsstelle sowie der Jahresrechnung und des Budgets der Koordinationsstelle und der Arbeitsgemeinschaft
3. die Festlegung des Kostenverteilschlüssels zur Finanzierung der Koordinationsstelle
4. die Entlastung des Vorstands
5. die Wahl des Vorstands, der Kontrollstelle und des Koordinators
6. die pädagogische und bildungspolitische Entwicklung in der Schweiz, in Europa und weltweit wahrzunehmen
7. die Festlegung der Aufgaben- und Themenfelder für die Arbeitsgemeinschaft
8. den Erlass und die Änderung eines Reglements für die Koordinationsstelle
9. die Bildung von Fachorganen, Kommissionen
10. die Änderung der Statuten mit einer 2/3 Mehrheit der anwesenden Delegierten
11. die Auflösung des Vereins (Artikel 11)

Artikel 7 **VORSTAND**

Der Vorstand besteht aus mindestens drei Personen und konstituiert sich selbst.

Der Vorstand wird auf die Dauer von drei Jahren gewählt. Eine Wiederwahl ist zulässig. Ergänzungen und Erweiterungen des Vorstands kann dieser bei Einstimmigkeit von sich aus vornehmen. Sie unterliegen der Bestätigung durch die nächste Mitgliederversammlung.

Die Mitglieder des Vorstandes sind ehrenamtlich tätig und haben grundsätzlich nur Anspruch auf Entschädigung ihrer effektiven Spesen und Barauslagen. Für besondere Leistungen einzelner Vorstandsmitglieder kann eine angemessene Entschädigung ausgerichtet werden.

Artikel 8 **DIE KOORDINATIONSSTELLE**
Der Vorstand überträgt die Geschäftsführung des Vereins der Koordinationsstelle. Zwischen Vorstand und Koordinationsstelle besteht ein Auftragsverhältnis im Sinne von OR Art.394 ff.

Artikel 9 **KONTROLLSTELLE**
Die Revision kann von zwei Revisoren, die nicht Mitglied des Vorstandes sind, oder von einer Revisionsfirma durchgeführt werden. Sie werden auf die Dauer von drei Jahren gewählt. Eine Wiederwahl ist zulässig. Die Kontrollstelle prüft die Jahresrechnung und legt der Mitgliederversammlung ihren Bericht und Antrag vor.

Artikel 10 **FINANZEN**
Der Verein erhält die notwendigen Mittel aus Mitgliederbeiträgen und Spenden. Die Koordinationsstelle wird separat finanziert.

Artikel 11 **AUFLÖSUNG**
Die Auflösung des Vereins erfolgt durch die Mitgliederversammlung, wenn mindestens 3/4 der anwesenden Delegierten einem entsprechenden Beschluss zustimmen. Ein allfälliges Vermögen geht zweckgebunden an eine gemeinnützige Organisation mit gleicher oder ähnlicher Zielsetzung.

Eine Verteilung unter die Mitglieder, soweit dies nicht ihrerseits steuerbefreite juristische Personen mit Sitz in der Schweiz, ist ausgeschlossen.

Von dem Verein der Arbeitsgemeinschaft genehmigt am 17.9.2003,

Artikel 8	geändert am 17.1.04
Artikel 2 und 6	geändert am 7. 5 05
Artikel 2, 7 und 11	geändert am 18.11.06. (Ergänzungen)
Artikel 9	geändert am 27.1.07

Kommission für Kleinkind- und Vorschulerziehung (KKV)

Die Mitglieder der Kommission werden von der «Fachtagung für die Kleinkind- und Vorschulerziehung» gewählt. Die Kommission konstituiert sich selbst. Die Kommissionsleitung besteht aus einer LeiterIn und einer StellvertreterIn.

Aufgaben

1) nach aussen
Wahrnehmung, Durchdringung und Aufbereitung der laufenden bildungspolitischen Reformprozesse des Vorschulbereichs in den verschiedenen Kantonen.
Engagement in breiter Öffentlichkeit für eine gesunde kindliche Entwicklung und Zusammenarbeit mit den entsprechenden fachlichen und staatlichen Organen (siehe ausführliche Beschreibung dieser Aktivitäten im Mandatsauftrag).

2) nach innen
Unterstützung der Qualitätsentwicklung bestehender Einrichtungen im Vorschulbereich.
Förderung und Entwicklung neuer pädagogischer Betreuungsinitiativen im Kleinkind- und Vorschulbereich.
Verstärkte Zusammenarbeit der Kleinkind- und Vorschulbewegung mit der Schulbewegung mittels intensiverem Informations- und Erfahrungsaustausch durch die Mitarbeit in den folgenden Gremien:
Pädagogische Sektion am Goetheanum, Arbeitsgemeinschaft der Rudolf Steiner Schulen (ARGE), nach Bedarf Interkantonale Bildungspolitische Kommission (IBK), Arbeitsgruppe für Lehrerbildung an der Höheren Fachschule für Anthroposophische Pädagogik (HFAP) sowie SeminarleiterInnenkonferenz in der Schweiz, nach Bedarf Kollegien der Rudolf Steiner Schulen, Regionale Konferenzen im Vorschulbereich.

Unterstützung und Koordination regionaler und überregionaler bildungspolitischer Bestrebungen im Kleinkind- und Vorschulbereich.
Die Kommissionsleitung (Stellvertretung) leistet regelmässige Zusammenarbeit und Kommunikation mit der folgenden ehrenamtlich arbeitenden Mandatsgruppe, die von der Fachtagung für Kleinkind- und Vorschulerziehung gewählt wird. Sie besteht aus:
Je eine Verantwortliche der verschiedenen Regional-Arbeitsgruppen
Verantwortliche Vertretung der Ausbildungsstätten im Vorschulbereich
Sekretariat
Vertretung des Kuratoriums der Internationalen Vereinigung der Waldorfkindergärten
Leitende von Projekten im Vorschulbereich
In der Mandatsgruppe wird über alle oben erwähnten Aktivitäten informiert und ausgetauscht, Verantwortungen delegiert, Probleme dargestellt, notwendige Projekte initiiert und Zielsetzungen besprochen.

INTERKANTONALE BILDUNGSPOLITISCHE KOMMISSION (IBK)

Aufgaben
1. Gesamt schweizerische Absprache und Koordination der bildungspolitischen Arbeit durch ein Netz von Verantwortlichen in den Kantonen.
2. Wahrnehmung und Austausch der bildungspolitischen Entwicklung auf kantonaler und gesamt schweizerischer Ebene.
3. Gemeinsame Entwicklung von Strategien/Initiativen für die bildungspolitische Arbeit.
4. Vorbereitung von EDK-Verhandlungen.
5. Zusammenarbeit mit Privatschul-, Eltern-, Lehrerorganisationen.
6. Interne Kommunikation der bildungspolitischen Arbeit:
   – Gewährleistung der Transparenz (Nachvollziehbarkeit für Eltern und Lehrerkollegien)
   – Förderung der Motivation unter Eltern und Lehrerkollegien für die bildungspolitische Arbeit.
7. Gegenseitige Unterstützung in der Öffentlichkeitsarbeit, Aktualisierung/Erweiterung des Argumentariums und Schulung der Verhandlungsführung.
8. Die Mitglieder der IBK verpflichten sich zu einer verbindlichen Zusammenarbeit (bei Abwesenheit sorgen sie für eine Vertretung).

Kompetenzen
1. Verbindliche Koordination der gesamt schweizerischen Anliegen und gegenseitige Abstimmung der bildungspolitischen Arbeit in den Kantonen.
2. Entwickeln und Impulsieren von bildungspolitischen Initiativen.
3. Führung von Gesprächen mit der EDK.

Rechenschaft
Die IBK legt jährlich im Januar der Arbeitsgemeinschaft einen Rechenschaftsbericht vor.

MELDESTELLE FÜR BESONDERE KONFLIKTFÄLLE (MBK)

Aufgaben   Für besondere Konfliktfälle zwischen Lehrpersonen und Schüler/innen im Zusammenhang mit körperlicher Gewalt, sozialer Diskriminierung und Ausgrenzung sowie im Zusammenhang mit sexueller Belästigung oder Missbrauchsproblematik hat die Arbeitsgemeinschaft der Rudolf Steiner Schulen in der Schweiz eine spezielle Fachstelle geschaffen. Deren Aufgabe ist es, in Zusammenarbeit mit den einzelnen Schulen Anzahl und Art solcher Fälle in allgemeiner, anonymisierter Form zu erheben und zu einem Gesamtbild zu verdichten. Im Sinne der institutionellen Selbstverantwortung soll das Gesamtbild primär die einzelne Schule, subsidiär aber auch die Arbeitsgemeinschaft und ihre Organe zu entsprechenden prophylaktischen Massnahmen auf diesem Feld anregen.

1. Grundlagen und Rechenschaft
   Die Schule und die Fachstelle verpflichten sich, zur Erfüllung dieser gemeinsamen Aufgabe auf Vertragsbasis partnerschaftlich zusammen zu arbeiten.
   Die Fachstelle legt der ARGE jährlich im November einen Bericht vor und veröffentlicht denselben im «Schulkreis».
2. Erhebung und Weitermeldung der besonderen Konfliktfälle
   Die Schule verpflichtet sich, Anzahl und Art der besonderen Konfliktfälle gemäss den von der Fachstelle festgelegten Kriterien schulintern systematisch zu sammeln und zu dokumentieren.
   Sie leitet die entsprechenden Angaben in anonymisierter, allgemeiner Form an die Fachstelle weiter.
   Stichtag der Erhebung ist jeweils der 15. September und Abgabetermin bei der Fachstelle der 30. September.
   Die Schule nennt der Fachstelle das für Erhebung, Weiterleitung und allfällige Rückfragen zuständige Organ.

VERMITTLUNGSSTELLE

Aufgaben   Im Auftrag der Arbeitsgemeinschaft nimmt der Beraterkreis die Aufgabe einer Vermittlungsstelle für die Schulbewegung wahr.

Kompetenz   Im Fall einer Anfrage durch eine Schule (Vorstand und/oder Kollegium) bzgl. einer Konfliktslösungssuche werden die nötigen Informationen vermittelt: Art der Beratung, Information über eine kollegiale Beratung durch den Beraterkreis und Vermittlung von professionellen Beraterinnen/Beratern.

PRESSESTELLE (PrAg)

Aufgaben   Die PrAg ist von der Arbeitsgemeinschaft Rudolf Steiner Schulen in der Schweiz mandatiert mit dem Auftrag, situativ zu handeln.

Kompetenzen   Sie vertritt die Arbeitsgemeinschaft gegenüber den Medien,
sie ist die Anlaufstelle für die Medien,
sie unterstützt Schulen auf deren Wunsch in Medienfragen,
sie beobachtet die Medienproduktion unter dem Aspekt «Korrekte Berichterstattung», falls nötig wird sie aktiv,
sie arbeitet eng zusammen mit der schweizerischen Medienstelle für Anthroposophie.

ARBEITSGRUPPE FINANZBERATUNG (AGFB)

Aufgaben — Die AGFB ist ein Dienstleister für die Arbeitsgemeinschaft, für die einzelnen Schulen und schulnahe Bereiche sowie für die Stiftung zur Förderung der Rudolf Steiner Pädagogik in der Schweiz (Stiftung), die Freie Gemeinschaftsbank BCL, die Gemeinschaftsstiftung PUK und weitere Finanzpartner von RSS in der Schweiz. Diese Mandatsgruppe erbringt folgende Dienstleistungen: Auswertung der jährlichen Statistik der Stiftung zur Förderung der Rudolf Steiner Pädagogik in der Schweiz; Ausarbeitung eines generellen Berichtes insbesondere zur finanziellen Situation der Schulbewegung; Intervention nach Absprache und Beratung im Auftragsverhältnis in einer einzelnen Schule.

Kompetenzen — Die AGFB hält periodisch mit allen Schulen und Institutionen Kontakt. Bei Auffälligkeiten in einer Schule nimmt die AGFB mit dieser Schule Kontakt auf und regt eine gemeinsame Analyse der Situation an. Im Einvernehmen mit dieser Schule können Massnahmen beschlossen werden. Falls ein Konsens zwischen Schule und AGFB nicht möglich ist wird die Situation von der AGFB in der Arbeitsgemeinschaft vorgetragen.

Rechenschaft — Die AFBK legt der Arbeitsgemeinschaft jährlich einen Rechenschaftsbericht vor.

SCHULKREIS

Aufgaben — Aufgabe der ARGE ist es, das Mitteilungsblatt SCHULKREIS für die Belange der Schweizer Schulbewegung herauszugeben. Damit wird eine Redaktionsgruppe betraut, welche durch die Mandatsgruppe SCHULKREIS ernannt wird. Das Mitteilungsblatt erscheint 4x pro Jahr. Es soll folgende Schwerpunkte behandeln: z.B. Forschungsbeiträge zur Rudolf Steiner Pädagogik, zu Schulstrukturfragen, Finanzfragen, zu Zusammenarbeitsformen zwischen Elternhaus und Schule, bildungspolitische Aspekte, Einblick in die Umsetzung unserer Pädagogik bieten, Projekte und Aktivitäten vorstellen, usw...

Kompetenz — Die Mandatsgruppe legt mit der Redaktionsgruppe die Zielvorstellungen fest. Die Redaktionsgruppe wird in Absprache mit der Mandatsgruppe eingesetzt. Die Redaktionsgruppe ergänzt sich selbst. Sie ist verantwortlich für das Erscheinen der Publikation.
Die ARGE, bzw. die Mandatsgruppe hat ein Publikations- aber auch ein Rückweisungsrecht. Personen ausserhalb der Redaktionsgruppe haben keinen Einfluss darauf, ob ein Beitrag publiziert werden soll oder eben nicht. Beschwerden über Veröffentlichung, bzw. Nichtveröffentlichung eines Beitrages müssen an die Redaktionsgruppe gerichtet werden. Befriedigt die Antwort der Redaktionsgruppe nicht, kann die betreffende Person an die Mandatsgruppe gelangen. Diese wird, bei Bedarf unter Rücksprache mit der ARGE, endgültig entscheiden.

Rechenschaft — Die Mandatsgruppe legt der ARGE jährlich im Herbst einen Rechenschaftsbericht vor.

BASLER MANIFEST

Kinder und Erwachsene leben inmitten vielfältiger Kulturen und in unterschiedlichen sozialen Formen.

In dieser sozialen, kulturellen und pädagogischen Vielfalt hat jedes Kind Anspruch auf seine individuelle ihm entsprechende Entwicklung und Förderung.

Verantwortlich zur Schaffung der notwendigen Voraussetzungen sind Eltern, Gesellschaft und Staat.

Uebernahme von Verantwortung bedingt Freiheit und Fairness gegenüber Minderheiten.

Bund und Kantone als rechtliche Garanten der Grundschule gewährleisten zwar die freie Schulwahl, sie schränken diese Freiheit aber wirtschaftlich ein.

Lassen Eltern ihre Kinder in nichtstaatlichen öffentlichen Grundschulen unterrichten, übernehmen sie bewusst Verantwortung, doch dafür werden sie vom Staat benachteiligt.

Deshalb fordern Eltern, Schülerinnen, Schüler, Lehrerinnen, Lehrer und Freunde der Rudolf Steiner Schulen in der Schweiz finanzielle Fairness gegenüber allen Eltern und als Konsequenz staatliche Finanzierung aller nichtstaatlicher öffentlicher Grundschulen, die von den Kantonen bewilligt sind, von ihnen beaufsichtigt werden, keinerlei Gewinnorientierung beabsichtigen und damit eine öffentliche Aufgabe im Interesse von Staat und Gesellschaft erfüllen.

Eine 5.Klasse der Rudolf Steiner-Schule Melchenbühl in Bern (Klassenlehrerin Beatrice Burren) hat dem Generalsekretär Hans Ambühl der EDK in einem kurzen Event die 18'000 Unterschriften überreicht, die Eltern, Lehrkräfte, SchülerInnen und SympathisantInnen der Steiner-Schulen als öffentlicher Schulen in privater Trägerschaft auf das 75-Jahr-Jubiläum der Schweizer Steiner-Schulbewegung gesammelt haben.

Dokumente   Basler Manifest

ERKLÄRUNG

1. Die Voraussetzungen zu selbstbestimmtem, lebenslangem Lernen muss der Mensch in der Schulzeit sich erst erwerben. Aufgabe einer dem Menschen verpflichteten Pädagogik ist es, Kinder und Jugendliche zu befähigen, in Freiheit Verantwortung für sich und andere wahrzunehmen. In einer Zeit rascher Veränderungen braucht es Menschen, die mit den wachsenden Aufgaben unserer Gesellschaft schöpferisch umzugehen verstehen. Die Rudolf Steiner Pädagogik kann jungen Menschen angstfrei und weltoffen die notwendigen Schlüsselqualifikationen vermitteln, um auch in einer globalisierten Wirtschaft Verantwortung für sich, Mitmensch und Umwelt zu übernehmen.

2. Die 38 Rudolf Steiner Schulen in der Schweiz sind Schulen mit einem eigenständigen pädagogischen Profil in nichtstaatlicher und nichtgewinnorientierter Trägerschaft; sie sind deshalb gegenüber staatlichen Schulen gleichwertig. Sie nehmen im Rahmen ihrer Kapazität alle Kinder auf, unabhängig von der weltanschaulichen Haltung und wirtschaftlichen Situation ihrer Eltern, sofern diese in der Art ihrer Pädagogik etwas Berechtigtes für ihre Kinder sehen. Aufgrund ihres Leistungsausweises und ihres Potentials sind Rudolf Steiner Schulen weltweit zu einem geschätzten Partner innerhalb des pluralistischen Bildungswesens geworden; als Vorreiter pädagogischer Entwicklungen haben sie auch das staatliche Bildungswesen nachhaltig befruchtet.

3. Obwohl die Schweiz sich ihrer geistigen Freiheit gerne rühmt, sind die rechtlichen und finanziellen Rahmenbedingungen für freie öffentliche Schulen hierzulande verglichen mit anderen europäischen Ländern wenig entwickelt. Die meisten Kantone verweigern Kindern, die eine nichtstaatliche Volksschule besuchen, noch immer die für ihren Grundschulunterricht notwendigen öffentlichen Mittel. Damit schafft der Staat selber die Voraussetzungen für Verhältnisse, die er hinterher anprangert: Die Sonderung der Kinder nach den wirtschaftlichen Verhältnissen ihrer Eltern. Eine gleichwertige öffentliche Finanzierung verhindert gerade, dass die freie Schulwahl - wie in Amerika - zu einer Frage des Portmonnaies wird.

4. Die Verweigerung, Kindern in nichtstaatlichen Volksschulen ihren Grundschulunterricht öffentlich zu finanzieren, ist eine ebenso stossende Ungerechtigkeit, wie seinerzeit die Verweigerung des Stimmrechts an Frauen. Dessen Einführung hat nicht zu dem von Gegnern befürchteten Ende unseres demokratischen Gemeinwesens geführt. Ebenso unbegründet ist die von Gegnern einer freien Schulwahl geschürte Angst vor Wildwuchs und einem Zerfall der staatlichen Schule

und Gemeinschaft. Dies zeigt sich am Beispiel von Holland, Dänemark, Deutschland und vielen anderen europäischen Ländern.

5. Jedes Kind hat heute gemäss Bundesverfassung einen klagbaren Anspruch auf ausreichenden und unentgeltlichen Grundschulunterricht. Dieses Grundrecht kommt ihm aus und um seiner Individualität zu, unabhängig von der Schulform und den Vermögensverhältnissen seiner Eltern (Art. 19 BV). Der Staat muss dieses Grundrecht verwirklichen und allen Kindern gleiche Grundrechtschancen sichern. In einer pluralistischen Gesellschaft darf er sich nicht darauf beschränken, eine eigene Schule einzurichten und diese monopolistisch zu verteidigen; er muss vielmehr aktiv verschiedenartige Bildungsangebote ermöglichen und fördern. Denn nur ein vielfältiges Bildungswesen (Mischwald) kann sich gesund und nachhaltig entwickeln, den bildungspolitischen Frieden sichern und jedem Kind die ihm gemässe Förderung und Entwicklung auch tatsächlich gewährleisten.

ERZIEHUNGSDEPARTEMENT
DES KANTONS BASEL-STADT

BASEL, den 15. Nov. 1923.

A. No. 13658
W/W

An den Vorstand des Schulvereins für freies
Erziehungs- und Unterrichtswesen in der Schweiz,

Basel

Bäumleingasse 11.

Sehr geehrte Herren,

Wir beehren uns, Ihnen in Erledigung Ihrer Eingabe vom 19. September 1923 betr. Errichtung einer freien Privatschule in Basel zur Kenntnis zu bringen, dass der Regierungsrat des Kantons Baselstadt in seiner Sitzung vom 13. November 1923 auf den empfehlenden Antrag des Erziehungsrates beschlossen hat, Ihnen die Errichtung einer freien Privatschule im Gebiet des hiesigen Kantons unter den im Schulgesetz enthaltenen Bedingungen grundsätzlich zu gestatten. Dürften wir Sie bitten, uns im gegebenen Zeitpunkt noch die nähern Angaben über die Wahl der Schullokalitäten und des Lehrkörpers zu übermitteln.

Mit vorzüglicher Hochachtung
Der Versteher des Erziehungsdepartements:

Hauser

Die Erziehungs-Direktion
des
Kantons Zürich ,

auf den Antrag der Baudirektion und des Schulvorstandes der Stadt Zürich,

v e r f ü g t :

I. Der Freien Schulvereinigung in memoriam Walter Wyssling wird auf ihr Gesuch vom 11. April 1927 hin gestattet, für das Sommerhalbjahr 1927 die im Erdgeschoss des Hauses Kinkelstrasse 36 gelegenen Räume als Schullokale zu benützen. Die Bewilligung hat den Sinn eines kurzfristigen Provisoriums von höchstens einem halben Jahr.

II. Mitteilung an die Freie Schulvereinigung in memoriam Walter Wyssling, Wytikonerstrasse 28, Zürich 7, an die Bezirksschulpflege Zürich und den Schulvorstand der Stadt Zürich.

Zürich, 5. Mai 1927.   Für richtigen Auszug
                                Der Sekretär:

**Direktion
des
Erziehungswesens
des
Kantons Zürich**

Rechberg

s

Zürich, den 24. Februar 1927.

An den Vorstand

der Freien Schulvereinigung

Z ü r i c h.

Auf Ihre Anfrage vom 23. Februar a.c. teilen wir Ihnen mit, dass der Erziehungsrat in seiner Sitzung vom 22. Februar die Gründung Ihrer Schulen behandelt und in den Grundlinien genehmigt hat mit einzelnen Vorbehalten, über die wir Sie gern mündlich zunächst aufklären, wenn Sie sich nächster Tage im Rechberg, Zimmer 12, einfinden sollten. Die Behandlung hat sich hinaus--gezogen, weil die Anträge der Vorinstanz uns erst am 13. Februar eingingen.

Für die Erziehungsdirektion
Der Sekretär:

Normalformat A 4 - IX. 26. - 1000.

Erziehungsdirektion   Direction de
des Kantons Bern   l'Instruction publique
                              du canton de Berne

Amt für Kindergarten,   Office de l'éducation préscolaire,
Volks- und Mittelschule   de l'enseignement primaire et de
                              l'enseignement secondaire

Sulgeneckstrasse 70   Vereinigung der
3005 Bern   Rudolf Steiner-Schulen
Telefon 031 633 85 11   Bern und Ittigen
Telefax 031 633 83 55   Herrn H.-R. Kloter, Präsident
                                                 Melchenbühlweg 14
                                                 3006 Bern

4810.100.104-13/96   Bern, 8. August 1996
33065vsd/DST

Bewilligung zur Führung der Rudolf Steiner-Schule Bern nach den Bestimmungen des Volksschulgesetzes vom 19. März 1992 und den Richtlinien vom 12. September 1995 zur Bewilligung von Privatschulen im Kanton Bern

Sehr geehrter Herr Präsident,
Sehr geehrte Damen und Herren

Die Durchsicht der Akten sämtlicher Privatschulen hat ergeben, dass eine grosse Anzahl früher ausgestellter Bewilligungen zur Führung von Privatschulen nicht mehr vorhanden bzw. nicht mehr aktuell sind und sich auf das ausser Kraft gesetzte Gesetz vom 2. Dezember 1951 über die Primarschule abstützen.
Wir haben diese Tatsache zum Anlass genommen, alle auf der Grundlage des Gesetzes über die Primarschule ausgestellten Bewilligungen zu erneuern.
Sie erhalten demnach - gestützt auf Antrag des zuständigen Schulinspektorats- die

<u>Bewilligung</u>

zur Führung Ihrer Privatschule auf der Grundlage der im Volksschulgesetz vom 19. März 1992 in den Artikeln 65-70 teilweise neu definierten und in den Richtlinien vom 12. September 1995 entsprechend formulierten Bestimmungen.

Indem wir Ihnen für das Wohlergehen Ihrer Schule weiterhin alles Gute wünschen, verbleiben wir

mit freundlichen Grüssen

**Amt für Kindergarten, Volks-
und Mittelschule**
Der Vorsteher

Dr. W. Stadelmann

WERDEN
WACHSEN
WIRKEN

Erziehen in einer Zeit des Umbruchs.
Impulse der Pädagogik Rudolf Steiners.

KONGRESS ÜBER PÄDAGOGIK
Kursaal Bern 10. bis 12. Mai 1991

16.-18.1.1998
Kursaal Bern

Jahrtausendwende – den Umbruch mitgestalten!

Le tournant du millénaire – une chance à saisir!

Gesamtkonferenz 1998 für Eltern, LehrerInnen, Vorstände, Ehemalige und Oberstufenschüler der Rudolf Steiner-Schulen in der Schweiz

Congrès 1998 des parents, enseignants, comités, anciens élèves et élèves des grandes classes des Ecoles Rudolf Steiner en Suisse

Dokumente Tagung 2001

TAGUNG / CONGRÈS

**12. – 14. Januar 2001
Stadt-Casino Basel**

Die Arbeitsgemeinschaft der
Rudolf Steiner Schulen lädt ein
zur öffentlichen Tagung

«Dem Menschen verpflichtet»
Zukunftsforum Schule

aus Anlass des 75-jährigen
Bestehens der Rudolf Steiner-
Pädagogik in der Schweiz

La Communauté de travail des écoles
Rudolf Steiner invite au congrès

«Responsabilité envers l'Homme»

pour marquer les 75 ans de la
pédagogie Rudolf Steiner en Suisse

ARBEITSGEMEINSCHAFT
DER RUDOLF STEINER SCHULEN
IN DER SCHWEIZ

Die Rudolf Steiner Schulen in der Schweiz – Eine Dokumentation

Identität und Austausch

Gesamtschweizerische LehrerInnen-Weiterbildungstage

Freitag, 17. März 2006 und Samstag, 18. März 2006 in Dornach

am Goetheanum und an der HFAP
(Höhere Fachschule für
anthroposophische Pädagogik)

Dokumente   Befragung Ehemaliger an Rudolf Steiner Schulen in der Schweiz

Bildung und Lebensgestaltung ehemaliger Schülerinnen und Schüler von Rudolf Steiner Schulen in der Schweiz

ARBEITSGEMEINSCHAFT
DER RUDOLF STEINER SCHULEN
IN DER SCHWEIZ UND LIECHTENSTEIN

Dokumente   Befragung Ehemaliger an Rudolf Steiner Schulen in der Schweiz

Die vorliegende Kurzfassung gibt in knapper Form einen Einblick in markante Resultate der Befragung ehemaliger Schülerinnen und Schüler an Rudolf Steiner Schulen in der Schweiz, die von Dirk Randoll und Heiner Barz als Kooperationsprojekt zwischen der Universität Düsseldorf, Fachbereich Erziehungswissenschaft, und der Alanus Hochschule Alfter, Institut für empirische Sozialforschung, durchgeführt worden ist.

Bei der grossen Datenfülle der Studie muss ein solch verkürzter Einblick lückenhaft und ein Stück weit oberflächlich bleiben. Interessierten sei deshalb die Lektüre der ganzen Studie[1] wärmstens empfohlen.

Als Aussenstehender, jedoch mit der Rudolf Steiner Pädagogik recht gut vertrauter Erziehungswissenschafter finde ich es erfreulich, dass sich die Schulbewegung durch diese umfangreiche Ehemaligenbefragung empirisch beleuchten liess. Denn erstens liefert dies eine hilfreiche Grundlage für die Weiterentwicklung der RSS[2] selber.
Zweitens bietet die Studie Personen inner- und ausserhalb der Schulbewegung Informationen zur Überprüfung und gegebenenfalls Korrektur von Bildern und Klischees an, welche mir gerade bezüglich Rudolf Steiner Schulen besonders verbreitet zu sein scheinen.
Drittens schliesslich werden mit der Studie auch neue Anknüpfungspunkte für den allgemeinen erziehungswissenschaftlichen Dialog geschaffen.

Dr. phil. Clemens Diesbergen
Dozent Pädagogische Hochschule FHNW

Rheinfelden, im Februar 2007

---

1) Dirk Randoll/Heiner Barz (Hrsg.): Bildung und Lebensgestaltung ehemaliger Schüler von Rudolf Steiner Schulen in der Schweiz – Eine Absolventenbefragung. Peter Lang Verlag, Frankfurt/Main. ISBN 978-3-631-56491-2.

2) Während die auf der anthroposophischen Pädagogik Rudolf Steiners begründeten Schulen in Deutschland unter dem Namen „Waldorfschulen" bekannt sind, wird in der Schweiz meist die Bezeichnung «Rudolf Steiner Schulen» verwendet. Der vorliegende Text folgt dem Schweizer Sprachgebrauch. Der etwas lange Terminus «Rudolf Steiner Schule(n)» wird hier jedoch oft durch die Buchstaben «RSS» abgekürzt werden.

Herausgeber
Arbeitsgemeinschaft der Rudolf Steiner Schulen in der Schweiz und Liechtenstein
Stiftung zur Förderung der Rudolf Steiner Pädagogik in der Schweiz

Bestellung der Kurzfassung
Koordinationsstelle der Rudolf Steiner Schulen
Carmenstrasse 49
8032 Zürich
Tel. 044 262 25 01
E-Mail: rthomas@access.ch
www.steinerschule.ch

Die Studie wurde insbesondere durch die Software AG-Stiftung,
aber auch durch die Stiftung zur Förderung der Rudolf Steiner Pädagogik
in der Schweiz sowie die Evidenz Stiftung finanziell gefördert.

Gestaltung: wechlin@t-online.de

Empirische Untersuchung von Bildungswirklichkeiten und Bildungswirksamkeiten der Rudolf Steiner Schulen

Mit dem Ziel, durch eine empirische Untersuchung mehr über die Bildungswirklichkeiten in und die Bildungswirksamkeiten von Rudolf Steiner Schulen zu erfahren, wurden in Anlehnung an eine entsprechende Studie in Deutschland auch ehemalige Schülerinnen und Schüler der Rudolf Steiner Schulen in der Schweiz befragt.

Der verwendete Fragebogen wies 171 Items auf, darunter waren vier offene Fragen[3]. Die Items beziehen sich auf die folgenden fünf Aspekte:

- Personenbezogene Daten
- Schul- und Berufsbiographie
- Schulabschluss, erlernter und ausgeübter Beruf, Berufszufriedenheit, Auslandserfahrungen etc.
- Lebensweise, Lebensziele, Lebensphilosophie und Lebensperspektive (z.B. Religion, Politik und Gesellschaft, seelische und körperliche Gesundheit)
- Zeit in der Rudolf Steiner Schule (Wahrnehmung der eigenen Schulzeit, Einfluss des Besuchs der RSS auf die Persönlichkeitsentwicklung etc., RSS und Anthroposophie).

Versucht man sich aufgrund der Resultate der Studie ein Gesamtbild zu machen, wie die Ehemaligen ihre Schule sehen, kann man feststellen, dass diese der RSS in sehr vielen Bereichen ein gutes Zeugnis ausstellen. Eine grosse Mehrheit hat sich in der Schule sehr wohl gefühlt und ihre Lehrpersonen positiv erlebt. Zentrale Strukturelemente der Rudolf Steiner Pädagogik beurteilt sie als sinnvoll. Sie würde die Schule wieder besuchen, wenn sie wählen könnte.

Es wurden 1200 Fragebögen versendet, wovon 622 ausgefüllt retourniert worden sind. Unter den Befragten befinden sich etwas mehr Frauen (ca. 56%) als Männer. Das Alter der Befragten reicht von 26 bis zu 85 Jahren. Für die Untersuchung allfälliger altersspezifischer Unterschiede sind drei Altersgruppen gebildet worden: Die Gruppe der 26- bis 49-jährigen, diejenige der 50- bis 65-jährigen und die der mehr als 66 Jahre alten Personen. Zusätzlich wurden geschlechtsspezifische Differenzen beachtet und teilweise die Unterschiede, welche mit der Verweildauer an der RSS korrelieren.

Die Studie enthält drei Hauptkapitel. Diese befassen sich mit der beruflichen Entwicklung, mit der Lebenseinstellung und Lebensweise sowie mit der Wahrnehmung der Schule und der eigenen Schulzeit. Der hier vorliegende Text fasst zentrale Ergebnisse dieser drei Kapitel in drei separaten Abschnitten zusammen. Da als Informationsquelle ausschliesslich die Ehemaligenstudie dient und die folgende Darstellung deren Systematik folgt, wird auf genauere Quellenangaben verzichtet.

3) Die Antworten auf die offenen Fragestellungen können in diesem Überblick aus Umfanggründen nicht einbezogen werden.

Wie Ehemalige ihre Schule sehen

Versucht man sich aufgrund der Resultate der Studie ein Gesamtbild zu machen, wie die Ehemaligen ihre Schule sehen, kann man feststellen, dass diese der RSS in sehr vielen Bereichen ein gutes Zeugnis ausstellen. Eine grosse Mehrheit hat sich in der Schule sehr wohl gefühlt und ihre Lehrpersonen positiv erlebt. Zentrale Strukturelemente der Rudolf Steiner Pädagogik beurteilt sie als sinnvoll. Sie würde die Schule wieder besuchen, wenn sie wählen könnte.

Zentrale Bildungsziele wie Eigenständigkeit, Sinnstiftung, Weltoffenheit, soziale Fähigkeiten und soziales Bewusstsein scheinen an den RSS in den Augen der Ehemaligen sehr gut erreicht zu werden. Dass die Absolventinnen und Absolventen auch fachlich durchaus bestehen können, belegt insbesondere der Abschnitt über die berufliche Entwicklung.

Gleichzeitig kommt in verschiedenen Aspekten der Untersuchung zum Ausdruck, dass sich die «Exklusivität» der RSS im Sinne der positiven Differenz zu den anderen Schulen in der Zeit zur

Zentrale Bildungsziele wie Eigenständigkeit, Sinnstiftung, Weltoffenheit, soziale Fähigkeiten und soziales Bewusstsein scheinen an den RSS in den Augen der Ehemaligen sehr gut erreicht zu werden.

jüngsten untersuchten Altersgruppe hin etwas verringert hat. Dieser Tendenz liegen zweifellos auch positive Entwicklungen der staatlichen Schulen zugrunde. Sie korreliert jedoch gleichzeitig mit der über die Altersgruppen zunehmenden Kritik an einer gewissen «Entwicklungsträgheit» der Rudolf Steiner Schule. Nun sind seit einigen Jahren Bemühungen um die Weiterentwicklung auf verschiedenen Ebenen auch von aussen vermehrt feststellbar. Die Studie ist selber ein offensichtliches Beispiel dazu. So werden auch die weniger positiven Bewertungen von Aspekten wie Lerntechniken, Umgang mit Leistung und Konkurrenz, gewissen fachlichen Bereichen, etc. wertvolle Anknüpfungspunkte für weitere Entwicklungsschritte bieten.

Zur beruflichen Entwicklung ehemaliger Schülerinnen und Schüler von RSS

Trifft das verbreitete Bild zu, dass Absolventen von Rudolf Steiner Schulen zwar eine schöne Schulzeit, jedoch des öfteren Mühe haben, in der «harten» Berufswelt zurecht zu kommen?

Welche Berufswege schlagen die Schülerinnen und Schüler nach dem Verlassen der Schule ein? Welche Ausbildungen absolvieren sie und in welchen Berufen und Stellungen werden sie tätig? Trifft das verbreitete Bild zu, dass Absolventen von Rudolf Steiner Schulen zwar eine schöne Schulzeit, jedoch des öfteren Mühe haben, in der «harten» Berufswelt zurecht zu kommen? Welche Aspekte des Berufslebens erachten sie als besonders wichtig und wie steht es mit der allgemeinen Berufszufriedenheit?

Auf derartige Fragen gibt das Kapitel «Berufliche Entwicklung ehemaliger Schülerinnen und Schüler von RSS» der Studie Antworten. Es liefert zudem Auskünfte über die Berufe der Eltern der Ehemaligen und zeigt damit Aspekte der sozialstrukturellen Zusammensetzung der Elternhäuser auf. Die Klassifizierung der Berufe erfolgte unter Verwendung eines Instrumentes der deutschen Bundesagentur für Arbeit, da die schweizerischen Daten aus ökonomischen Gründen zusammen mit denjenigen aus Deutschland klassifiziert worden sind. Dies hat allerdings den Nachteil, dass konkretere Vergleiche mit offiziellen schweizerischen Berufsstatistiken nicht ohne weiteres möglich sind.

Welche Berufe erlernen Absolventinnen und Absolventen von Rudolf Steiner Schulen?

Es fällt auf, dass die sozial ausgerichteten Gruppen «Lehrer», «Gesundheitsberufe» und «Sozialberufe» insgesamt schon gut 45% der Berufe ausmachen.

Zunächst ist festzustellen, dass die allermeisten der ehemaligen Schülerinnen und Schüler der RSS eine Berufsausbildung gemacht haben. Lediglich 1% der Befragten gab an, über keine Berufsausbildung zu verfügen; weitere 1,6% machten keine Angaben. Von den übrigen Befragten gaben 75% einen, 22% zwei und 2,5% drei erlernte Berufe an.

Die elf grössten Gruppen erlernter Berufe (jeweils mehr als 2% der Gesamtstichprobe enthaltend) sind nebenan in der folgenden Grafik dargestellt:

Befragung Ehemaliger an Rudolf Steiner Schulen in der Schweiz — Dokumente

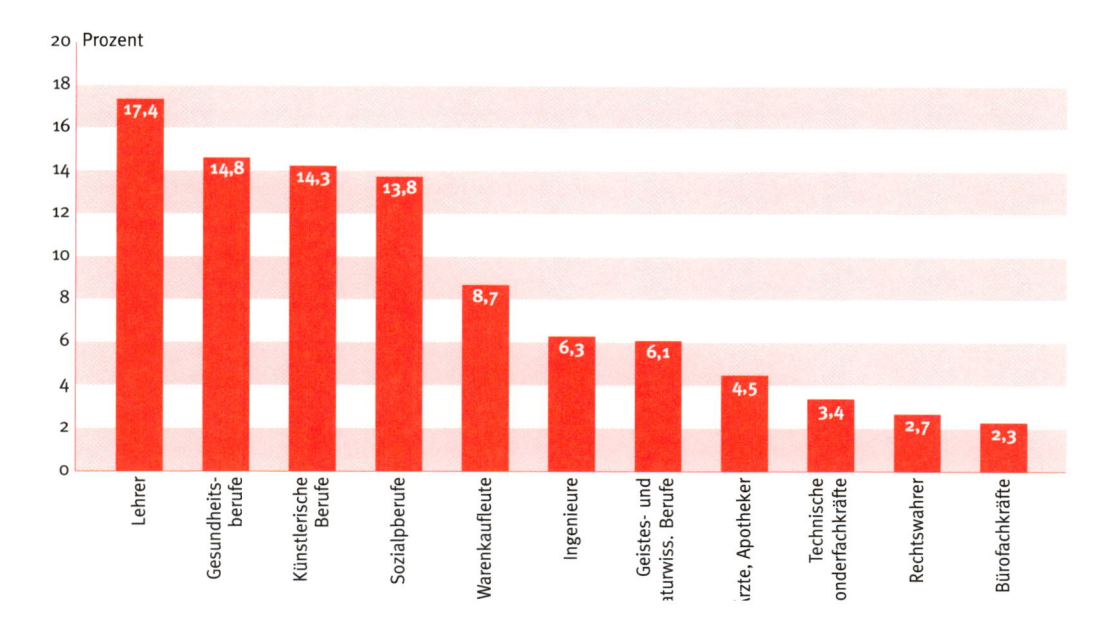

Berufsgruppe	Prozent
Lehrer	17,4
Gesundheitsberufe	14,8
Künstlerische Berufe	14,3
Sozialpberufe	13,8
Warenkaufleute	8,7
Ingenieure	6,3
Geistes- und naturwiss. Berufe	6,1
Ärzte, Apotheker	4,5
Technische Sonderfachkräfte	3,4
Rechtswahrer	2,7
Bürofachkräfte	2,3

Es fällt auf, dass die sozial ausgerichteten Gruppen «Lehrer», «Gesundheitsberufe» und «Sozialberufe» insgesamt schon gut 45% der Berufe ausmachen. Demgegenüber ist in den elf grössten Berufsgruppen kein einziger Fertigungsberuf (z.B. Mechaniker, Schreiner, Elektriker) enthalten.

Welche geschlechtsspezifischen Unterschiede zeigen sich in der Wahl der erlernten Berufe?
Bei der Differenzierung der grössten Berufsgruppen nach Geschlecht zeigt sich deutlich eine den traditionellen Geschlechterrollen entsprechende Berufsverteilung. So haben z.B. 20,8% der Absolventinnen einen Beruf aus der Gruppe «Gesundheitsberufe», während dies bei den Absolventen nur bei 3% der Fall ist. Auch bei den Sozialberufen überwiegen die Frauen mit 13% gegenüber den Männern mit 4,8% klar. Demgegenüber finden sich bei den Ingenieuren 11% der Männer und lediglich 1% der Frauen. Wird die Geschlechterdifferenz noch weiter nach den Alterskohorten aufgeteilt, zeigt sich eine gewisse Verringerung der typischen Unterschiede. Die jüngste Gruppe der untersuchten Personen entspricht aber bezüglich Geschlechtsunterschieden weitgehend der Gesamtstichprobe. So gelten die erwähnten Unterschiede also auch für die jüngste Kohorte weiterhin.

Wie viele ehemalige Schülerinnen und Schüler der Rudolf Steiner Schulen wählen anthroposophische Berufsausbildungen?
Von allen Befragten gaben lediglich 3,5% an, eine anthroposophische Berufsausbildung absolviert zu haben. Grösstenteils sind dies Frauen (5,7% aller Frauen, 0,7% aller Männer). Den Hauptanteil macht die Eurythmieausbildung mit 2,5% aus. Dazu kommen Heileurythmie mit 0,5%, Lehrperson für die RSS mit 0,3% und Sprachgestaltung mit 0,2%. Nur ein sehr kleiner Anteil der Absolventinnen und Absolventen von RSS setzt also den Ausbildungsgang innerhalb von anthroposophischen Institutionen fort.

Von allen Befragten gaben lediglich 3,5% an, eine anthroposophische Berufsausbildung absolviert zu haben.

Dokumente   Befragung Ehemaliger an Rudolf Steiner Schulen in der Schweiz

Wie viele Ehemalige erlernen einen akademischen Beruf?

Eine entsprechende Kodierung und Auswertung der Angaben zum erlernten Beruf zeigt auf, dass fast ein Drittel (32,5 %) der Ehemaligen eine akademische Ausbildung absolvieren. Diese Zahl ist ca. dreimal so hoch wie der Akademikeranteil in der schweizerischen Gesamtbevölkerung.

Fast ein Drittel (32,5 %) der Ehemaligen absolviert eine akademische Ausbildung.

Welche Berufe üben ehemalige Schülerinnen und Schüler der RSS aus?

Neben den erlernten wurden auch die tatsächlich ausgeübten Berufe erhoben. Aus Gründen der Erhebungsmethodik lassen sich keine exakten Angaben machen, wie oft ein erlernter Beruf auch ausgeübt wurde bzw. wird. Es zeigen sich auch bei diesen Zahlen wiederum die bereits bei den erlernten Berufen festgestellten Schwerpunkte. Dies gilt auch für die geschlechtsrollenspezifischen Ausprägungen.

Unter den Berufsgruppen mit einem Anteil von mehr als 2 % sind bei den ausgeübten Berufen zwei neue dazu gekommen: die Gruppe «Hausfrauen, Sonstige, kein Beruf» mit 5 % und die Gruppe «Unternehmer/Organisatoren» mit 6,8 %. Bei Letzterer zeigt eine genauere Analyse, dass davon ca. 12 % Unternehmerinnen und Unternehmer sind und 87,9 % als Leitungspersonen in der Geschäftsführung, als Abteilungs-, Projekt- oder Teamleitung etc. arbeiten. Die Herkunft der betreffenden Personen hinsichtlich ihres erlernten Berufes ist sehr unterschiedlich. Die Zahl der ausgeübten anthroposophischen Berufe ist noch kleiner als bei den erlernten Berufen und beträgt nur noch 1,9 %.

Welche Aspekte der Berufstätigkeit sind den Befragten besonders wichtig?

Von vierundzwanzig Aspekten, welche auf einer vierstufigen Skala («sehr wichtig» bis «völlig unwichtig») eingeschätzt worden sind, wurden als wichtigste fünf die folgenden genannt: «Einen den Neigungen entsprechenden Beruf», «Interessante Tätigkeit», «Identifikation mit der Arbeit», «Eigenverantwortlichkeit», «Gutes Betriebs- und Arbeitsklima». Als die letzten fünf Aspekte figurieren in der Rangreihe «Geachteter Beruf», «Hohes Einkommen», «Gute Aufstiegsmöglichkeiten», «Lebenslang im selben Beruf arbeiten», «Voraussehbare Karriere». Es wird dabei deutlich, dass die in der Arbeit selber liegenden Werte an der Spitze stehen, hingegen eher auf äusseres Prestige ausgerichtete Aspekte als deutlich weniger wichtig eingeschätzt wurden.

Wichtigste Aspekte der Berufstätigkeit sind: «Einen den Neigungen entsprechenden Beruf», «Interessante Tätigkeit», «Identifikation mit der Arbeit», «Eigenverantwortlichkeit», «Gutes Betriebs- und Arbeitsklima».

Sind ehemalige Schülerinnen und Schüler von RSS mit ihrem Beruf zufrieden?

Die Einschätzung der Berufszufriedenheit auf einer Fünferskala (von 1 = «sehr zufrieden» bis 5 = «sehr unzufrieden») zeigt, dass die Ehemaligen zufrieden bis sehr zufrieden mit ihren Berufen sind. Die Mittelwerte reichen von 1,3 (Ärzte, Apotheker) bis 1,9 (Hausfrauen, Eltern im Erziehungsurlaub).

Ehemalige sind zufrieden bis sehr zufrieden mit ihren Berufen.

Wie bewähren sich ehemalige Schülerinnen und Schüler von RSS auf dem Stellenmarkt?

In der Befragung der 622 Personen trat keine Nennung betreffend Arbeitslosigkeit auf, während die durchschnittliche Arbeitslosenquote in der Schweiz bei ca. 3 % liegt.

In der Befragung der 622 Personen trat keine Nennung betreffend Arbeitslosigkeit auf, während die durchschnittliche Arbeitslosenquote in der Schweiz bei ca. 3 % liegt.

Welchen Berufsgruppen gehören die Eltern der Ehemaligen an?

Auffallend ist die grosse Anzahl an Lehrpersonen unter den Eltern. Dabei dürfte es sich vorwiegend um Lehrkräfte der staatlichen Schulen handeln. Dies ist insofern interessant, als es sich damit um professionelle Pädagoginnen und Pädagogen handelt. Man kann also vermuten, dass deren Wahl der Rudolf Steiner Schule für ihre Kinder stark durch pädagogische Überlegungen motiviert ist.

Während in der ältesten Kohorte (66 Jahre und älter) bei den Müttern noch die Berufe Hausfrau (23,8%), Künstlerin (11%), Lehrerin (8,6%), Warenkauffrau (6,7%) und Textilverarbeiterin (6,7%) als grösste Berufsgruppen zu finden sind, hat sich die Verteilung bei der jüngsten Kohorte (26- bis 49-jährige) etwas verändert. Hier finden sich als meistgenannte Berufe Lehrerin (17,8%), Hausfrau (14,3%), Sozialberufe (12,6%), Gesundheitsberufe (12%) und Warenkauffrau (9,9%).

Bei den Vätern wechselten die drei grössten Gruppen genannter Berufe zwischen der ältesten und der jüngsten Kohorte von Künstler (17,1%), Warenkaufmann (11,4%) und Ingenieur (9,5%) zu Lehrer (18,1%), Ingenieur (14,3%) und Warenkaufmann (9,9%). Während also der Künstlerberuf unter den Eltern an Häufigkeit abgenommen hat, fällt besonders die grosse Anzahl an Lehrpersonen unter den Eltern der jüngsten Kohorte auf. Da der Prozentsatz von in anthroposophischen Berufen bzw. Einrichtungen tätigen Eltern viel kleiner ist (Mütter 1,9%, Väter 1,1%) dürfte es sich dabei vorwiegend um Lehrkräfte der staatlichen Schulen handeln.

Die Studie zeigt weiter, dass schon nur gemessen am Beruf des Vaters mindestens 40% der Teilnehmenden aus Akademikerfamilien stammen. Dem steht ein Akademikeranteil unter den schweizerischen Erwerbstätigen von ca. 17% gegenüber. Die Untersuchung der Elternberufe vermag etwas über den sozioökonomischen Hintergrund der Befragten auszusagen. Wie die Resultate zeigen, stammen die Befragten zu einem beachtlichen Teil aus sozioökonomisch besser gestellten und bildungsnahen Elternhäusern.

Als die drei wichtigsten Motive für die Wahl der Rudolf Steiner Schule für ihre Kinder wurden die aktive Auseinandersetzung mit der Steiner-Pädagogik, die Beschäftigung mit anthroposophischen Themen und die Unzufriedenheit mit dem staatlichen Schulsystem genannt. Die Schulwahlentscheide scheinen also nicht nur bei den Lehrpersonen, sondern auch insgesamt primär durch eine bewusste Auseinandersetzung mit pädagogischen Fragen zustande zu kommen.

Die Untersuchung der beruflichen Entwicklung der ehemaligen Schülerinnen und Schüler von Rudolf Steiner Schulen deutet insgesamt darauf hin, dass diese in der Berufswelt gut zurecht kommen. Die ganz grosse Mehrheit erlernt einen Beruf, die Ehemaligen finden ihren Platz auf dem Stellenmarkt und sind mit ihrem Beruf zufrieden bis sehr zufrieden. Bei den gewählten Berufen besteht ein breites Spektrum, wobei ein deutliches Schwergewicht im sozialen und künstlerischen Bereich liegt. Betrachtet man die Berufe der Eltern, zeigt sich, dass eine Mehrheit der Schülerinnen und Schüler aus bildungsnahen Elternhäusern stammt.

Auffallend ist die grosse Anzahl an Lehrpersonen unter den Eltern. Dabei dürfte es sich vorwiegend um Lehrkräfte der staatlichen Schulen handeln. Dies ist insofern interessant, als es sich damit um professionelle Pädagoginnen und Pädagogen handelt.
Man kann also vermuten, dass deren Wahl der Rudolf Steiner Schule für ihre Kinder stark durch pädagogische Überlegungen motiviert ist.

Als die drei wichtigsten Motive für die Wahl der Rudolf Steiner Schule für ihre Kinder wurden die aktive Auseinandersetzung mit der Steiner-Pädagogik, die Beschäftigung mit anthroposophischen Themen und die Unzufriedenheit mit dem staatlichen Schulsystem genannt.

… Dokumente   Befragung Ehemaliger an Rudolf Steiner Schulen in der Schweiz

Lebensweise, Lebensziele, Lebensphilosophie und Lebensperspektive

Was ist den ehemaligen Schülerinnen und Schülern von Rudolf Steiner Schulen im Leben wichtig? Woran orientieren sie sich? Welche Haltung haben sie bezüglich Religion und Spiritualität? Wie sind sie politisch orientiert? Welches Interesse haben sie bezüglich des Tagesgeschehens und gesellschaftlicher Fragen? Derartige Aspekte werden im Kapitel «Lebensweise, Lebensziele, Lebensphilosophie und Lebensperspektive» der Studie untersucht. Eine Auswahl der Resultate kommt im folgenden zur Darstellung.

Welche Aspekte des Lebens sind für Ehemalige der RSS besonders bedeutsam, welche weniger?

Den Ehemaligen sind die sozialen Beziehungen im persönlichen Umfeld sehr wichtig und sie zeigen sich auch als interessiert an und offen gegenüber der Welt.

Die Studie stellt dreissig gewichtete Items zur Lebensorientierung dar, welche zu folgenden Kategorien zusammen gefasst werden: A) Beziehungen, B) Bildung, C) Weltinteresse, D) Soziales Engagement, E) Kunst, Kultur und Handwerk, F) Lebensfreude, Körperlichkeit, G) Philosophie, Religion, Spiritualität und H) Unterhaltung. Die einzelnen Items wurden von den Teilnehmenden auf einer Fünfer-Skala von unwichtig bis sehr wichtig eingestuft. Die prozentualen Nennungen von «wichtig» und «sehr wichtig» wurden für die Auswertung addiert.

Die eindeutig höchste Bedeutsamkeit kommt der Kategorie A) «Beziehungen» zu. Dazu gehören Aspekte wie «Das Gefühl, geliebt zu werden» (von 87,8% als wichtig oder sehr wichtig eingestuft), «Zusammensein mit Freunden» (87%), «Zusammensein mit dem Ehe- bzw. Lebenspartner» (84,2%), «Für andere Menschen da sein» (77,3%). Gefolgt wird die Kategorie A) von der Kategorie B) «Bildung». So sind den Ehemaligen Dinge wie «Das Lesen guter Bücher» (für 86,3% wichtig oder sehr wichtig), «Weiterbildung» (78%) und «Lesen von Zeitungen und Zeitschriften» (71,5%) ebenfalls sehr wichtig. Unter den 10 wichtigsten Items finden sich sechs der Kategorie A), drei der Kategorie B) sowie das Item «Naturerlebnisse (z.B. Wandern, Gartenarbeit)» (83,8%), welches sowohl der Kategorie F) als auch der Kategorie A) zugeordnet wird.

Im Mittelfeld der Bedeutsamkeit liegen die künstlerischen Aktivitäten mit Prozentzahlen zwischen 69% und 50%. Den Ehemaligen sind – wie oben dargestellt – die sozialen Beziehungen im persönlichen Umfeld sehr wichtig und sie zeigen sich auch als interessiert an und offen gegenüber der Welt. Demgegenüber haben für sie offizielle Ämter im ehrenamtlichen (40,8% wichtig oder sehr wichtig) und politisch oder gewerkschaftlichen (23%) Bereich einen relativ geringen Bedeutungswert. Am Schluss der Bedeutungsrangfolge figuriert die Kategorie H) «Unterhaltung» mit den Items «Fernsehen» (20,3%), «Besuche von Sportveranstaltungen» (7,4%) und «Ein schnelles Auto fahren» (3,9%).

Welche Unterschiede zeigen sich zwischen den Altersgruppen?

Betrachtet man die Unterschiede zwischen den drei einbezogenen Altersgruppen (26- bis 49-jährige, 50- bis 65-jährige, über 66-jährige) fallen nebst altersbedingten Differenzen (z.B. bezüglich aktivem Sporttreiben, beruflicher Weiterbildung und Sexualität) grössere Unterschiede auf, welche weniger einfach zu erklären sind. So schätzen bedeutend mehr Teilnehmende der mittleren Altersgruppe «meditative und kontemplative Erfahrungen» als wichtig oder sehr wichtig ein (64%) als Mitglieder der jüngeren (51,1%) oder der älteren (49%) Gruppe. Ähnlich steht es bezüglich der «Teilnahme an Lehr- und Vortragsveranstaltungen», welche von 54,9% der mittleren, 46,5% der jüngeren und 41% der älteren Gruppe als wichtig oder sehr wichtig eingestuft wird. Während bei diesen beiden Items die mittlere Altersgruppe also klar höher bewertete als die anderen beiden, heben sich beim Item «Auseinandersetzung mit anthroposophischen Themen» die jüngeren Teilnehmenden mit nur 34,2% deutlich von den mittleren (52,4%) und älteren (51,4%) ab. Bei diesen Unterschieden zwischen den Altersgruppen ist es schwierig abzuschätzen, ob es sich eher um altersbedingte Differenzen handelt oder ob es mehr eine Frage der spezifischen Lebens- und Entwicklungsbedingungen der betroffenen Generationen ist.

Welche geschlechtsspezifischen Unterschiede sind festzustellen?

Es zeigen sich auch geschlechtsspezifische Unterschiede in der Bedeutungseinschätzung von einzelnen Aspekten der Lebensführung. So schätzen Frauen mit 92,3% gegenüber Männern mit 79,2% das Lesen guter Bücher bedeutend öfter als wichtig oder sehr wichtig ein. Beim Lesen von Zeitungen und Zeitschriften liegt die Gewichtung umgekehrt mit 81,8% bei den Männern und 64,1% bei den Frauen. Künstlerische Aktivitäten werden von 73,8% der Frauen als (sehr) wichtig eingestuft gegenüber 62,5% bei den Männern. Auch die Tierhaltung hat bei Frauen eine höhere Bedeutung (43%) als bei Männern (27,9%) während Männer mit 48,7% gegenüber 35% ehrenamtliche Tätigkeit höher gewichten.

Welche Unterschiede zeigen sich im Zusammenhang mit der Verweildauer an der Schule?

Sucht man nach markanten Unterschieden der Bedeutungseinschätzung je nachdem, ob die Befragten die Rudolf Steiner Schule weniger als zehn Jahre (<10), zehn oder elf Jahre (10+) bzw. zwölf oder dreizehn Jahre (12+) besucht haben, zeigt sich Folgendes: Die grössten Unterschiede traten in der Bedeutungseinschätzung von meditativen und kontemplativen Erfahrungen sowie in derjenigen zur Auseinandersetzung mit anthroposophischen Themen auf. Die Unterschiede zwischen Teilnehmenden mit Verweildauer 12/13 Jahre und <10 Jahre betragen in beiden Fällen rund 19% (meditative/kontemplative Erfahrungen: 12+: 62,7% wichtig oder sehr wichtig, 10+: 54,7%, <10: 43,5%. Auseinandersetzung mit anthroposophischen Themen: 12+: 49,7%, 10+: 44,2%, <10: 31,1%).

Das spirituelle Interesse hängt also klar positiv zusammen mit einer längeren Verweildauer in der Schule. Etwas weniger stark ausgeprägt, jedoch immer noch klar in die gleiche Richtung weisend, sind die Zusammenhänge bei den Items «Weiterbildung, berufliche Fortbildung» (12+: 85%, 10+: 77,7%, <10: 70,8%), «künstlerische Tätigkeit» (12+: 74,1%, 10+: 71,3%, <10: 58,4%), «Sexualität» (12+: 70%, 10+: 60,8%, <10: 55,9%) und «Geselligkeit, Feste, Tanz» (12+: 54,4%, 10+: 41,1%, <10: 41%). Umgekehrt ist Ehemaligen mit längerer Verweildauer das Fernsehen deutlich weniger wichtig (12+: 15% wichtig oder sehr wichtig, 10+: 18,9%, <10: 29,2%).

Wie informieren sich die Befragten über das Tagesgeschehen?

Ehemalige Schülerinnen- und Schüler von RSS scheinen weltoffene Menschen zu sein, welche sich in hohem Masse über das Tagesgeschehen informieren. 90,5% der Befragten geben an, dies regelmässig zu tun. Als Informationsquellen haben Tageszeitungen oberste Priorität (90,9%), gefolgt vom Radiohören mit 67% und Fernsehen mit 52%. 27% geben an, das Internet als Informationsquelle zu benutzen. Während beim Fernsehen wiederum ein umgekehrter Zusammenhang zwischen Verweildauer an der Schule und Nutzung besteht (12+: 45%, <10: 62,1%), wird das Internet von Ehemaligen mit längerer Verweildauer mehr genutzt (12+: 33,1% gegenüber <10: 22,8%).

Bezüglich der zur Information benutzten Tageszeitungen, (Fach-)Zeitschriften, etc. zeigt sich ein breites Spektrum. Vorrangig genannt wurden schweizerische Tageszeitungen mit folgenden Nennungen: Neue Zürcher Zeitung 110-mal, Tagesanzeiger 109-mal, Basler Zeitung 84-mal, Bund 10-mal, Berner Zeitung 10-mal, andere Tageszeitungen (kantonale, lokale) 85-mal.

Welches Verhältnis haben die Befragten zu Spiritualität und Religion?

Besonders auffallend ist der hohe Anteil der Befragten, welche angeben, keiner Religionsgemeinschaft anzugehören. Gegenüber dem gesamtschweizerischen Prozentsatz von 11,1% sind dies in der Studie 59,3%. Diejenigen Befragten, welche sich als einer Gemeinschaft angehörend bezeichneten, zeigten folgende Verteilung: Evang.-ref. Kirche: 49,3%, Christengemeinschaft 24,9%, röm.-kath. Kirche 10,4%, Anthroposophische Gesellschaft 3,1%, Sonstige 12,2%. Die Anthroposo-

Das spirituelle Interesse der Ehemaligen hängt klar positiv zusammen mit einer längeren Verweildauer in der Schule.

Ehemalige Schülerinnen- und Schüler von RSS scheinen weltoffene Menschen zu sein, welche sich in hohem Masse über das Tagesgeschehen informieren. 90,5% der Befragten geben an, dies regelmässig zu tun. Als Informationsquellen haben Tageszeitungen oberste Priorität (90,9%), gefolgt vom Radiohören mit 67% und Fernsehen mit 52%. 27% geben an, das Internet als Informationsquelle zu benutzen.

Besonders auffallend ist der hohe Anteil der Befragten, welche angeben, keiner Religionsgemeinschaft anzugehören. Gegenüber dem gesamtschweizerischen Prozentsatz von 11,1% sind dies in der Studie 59,3%.

phische Gesellschaft wurde hier verschiedentlich genannt, obschon es sich dabei nicht um eine Religionsgemeinschaft handelt. Unter der Rubrik «Sonstige» findet sich ein breites Spektrum an Nennungen wie altkatholische Kirche, Bahai, Buddhismus, Islam, Judentum, orthodoxe Kirche und spirituelle Wissenschaft.

Die Zugehörigkeit der Ehemaligen zu einem derart vielfältigen Spektrum verschiedener Religionsgemeinschaften weist darauf hin, dass sich der Besuch der RSS mit ihrem spezifischen Menschenbild und pädagogischem Zugang durchaus mit verschiedenster religiöser Zugehörigkeit vereinbaren lässt.

Das Verhältnis zur Anthroposophie wurde von 23% der Befragten als «praktizierend/engagiert» und von 32,3% als «positiv bejahend» eingeschätzt. 25% waren indifferent, 14,3% kritisch-skeptisch und 2,9% negativ ablehnend. Der Besuch der RSS scheint also per se weder zu einem grossen Engagement in der Anthroposophie noch zu grossen Widerständen zu führen, dies obwohl die Pädagogik der RSS auf dem anthroposophischen Welt- und Menschenverständnis basiert.

Auch wenn fast 60% der befragten Ehemaligen keiner Religionsgemeinschaft angehören und nur knapp ein Viertel ein engagiertes, praktizierendes Verhältnis zur Anthroposophie angibt, erweisen sich die Ehemaligen in der grossen Mehrheit als spirituell-religiös interessiert und orientiert.

Auch wenn fast 60% der befragten Ehemaligen keiner Religionsgemeinschaft angehören und nur knapp ein Viertel ein engagiertes, praktizierendes Verhältnis zur Anthroposophie angibt, erweisen sich die Ehemaligen in der grossen Mehrheit als spirituell-religiös interessiert und orientiert. Für siebzig und mehr Prozent der Befragten trifft nämlich zu bzw. trifft etwas zu, dass sie an karmische Zusammenhänge glauben, dass ihnen der Gedanke an eine höhere kosmische Ordnung Sinn und Orientierung im Leben gibt, dass der Glaube an eine Wiedergeburt zu ihrem Bild von Leben und Tod gehört sowie dass sie überzeugt sind von der Existenz höherer Wesensglieder des Menschen.

Welche Haltung zeigen die Ehemaligen bezüglich Politik und Gesellschaft?

Die an der Untersuchung Teilnehmenden wurden auch danach befragt, ob sie mit einer politischen Partei sympathisieren. 46,6% beantworteten die Frage positiv, dabei war der Männeranteil etwas grösser als derjenige der Frauen. Die angegebenen Parteien, mit welchen sympathisiert wird, decken fast das ganze Spektrum der schweizerischen Parteienlandschaft ab. Dabei zeigt sich allerdings ein starkes Vorherrschen des Interesses an rot-grüner Politik. Folgende Nennungen wurden gemacht: SP 145, Grüne 130, FDP 27, Links 19, SVP 15, EVP 5, Liberal 5, CVP 3. Das Ausüben von politischen und gewerkschaftlichen Aktivitäten hat einen relativ geringen Stellenwert; nur 9,5% der Befragten geben an, dies sehr häufig oder häufig zu tun.

Die angegebenen Parteien, mit welchen sympathisiert wird, decken fast das ganze Spektrum der schweizerischen Parteienlandschaft ab. Dabei zeigt sich allerdings ein starkes Vorherrschen des Interesses an rot-grüner Politik.

Währenddem die Bedeutung von ehrenamtlichen Tätigkeiten in der Bedeutungsrangfolge relativ weit unten figuriert hat (siehe oben), geben doch 43,2% der Befragten an, in irgendeiner Form ehrenamtlich tätig zu sein. Dabei überwiegt der Bereich Soziales eindeutig gegenüber Politik und Sport. Bildung und Kulturelles liegen bei den Nennungen im Mittelfeld.

Dokumente   Befragung Ehemaliger an Rudolf Steiner Schulen in der Schweiz

Die Zeit an der Rudolf Steiner Schule

Wie sehen Ehemalige die Rudolf Steiner Schule? Welchen Einfluss hat die Schule ihrer Ansicht nach auf die eigene Entwicklung gehabt? Wo sehen sie ihre Stärken und Schwächen? Welche Vor- und Nachteile sehen die Befragten im Besuch der RSS im Vergleich zum Besuch der Staatsschule? Schicken Ehemalige ihre eigenen Kinder auch wieder an die Rudolf Steiner Schule? Auf solche Aspekte geht das Kapitel «Die Zeit an der Rudolf Steiner Schule» der Studie ein. Folgend ein Einblick in die diesbezüglichen Resultate:

Wie sehen Ehemalige die Rudolf Steiner Schule hinsichtlich allgemeiner Aspekte?

Der Hauptunterricht in Epochen wurde von einer grossen Mehrheit (90,4% «trifft zu» bzw. «trifft etwas zu») als sinnvoll bewertet, ebenfalls die notenfreie Beurteilung bis zur 8. Klasse (74,1%).

Die Ehemaligen wurden gebeten, bei einer Reihe von allgemeinen Aussagen über die RSS einzuschätzen, ob die Aussagen für sie zutreffen. Es wurde eine Viererskala verwendet («trifft zu», «trifft etwas zu», «trifft nicht ganz zu», «trifft nicht zu»). Dies erlaubte eine Zusammenfassung in zustimmende und ablehnende Äusserungen.

Die Resultate zeigen eine hohe Zustimmung bezüglich typischer Strukturelemente der RSS. So wurde der Hauptunterricht in Epochen von einer grossen Mehrheit (90,4% «trifft zu» bzw. «trifft etwas zu») als sinnvoll bewertet, ebenfalls die notenfreie Beurteilung bis zur 8. Klasse (74,1%). Weniger (aber immer noch klar mehrheitlich) Zustimmung fand das Klassenlehrerprinzip über die ersten acht Jahre mit 59,8%. Die Rudolf Steiner Schule wird auch als deutlich unterschiedlich zur Staatsschule gesehen (87,1%). Fast 75% der Befragten attestieren ihr eine hohe Chancengerechtigkeit und 90% stimmen der Aussage zu, dass an der RSS auch Schüler unterrichtet werden, welche in Staatsschulen scheitern würden.

Die Rudolf Steiner Schule wird auch als deutlich unterschiedlich zur Staatsschule gesehen (87,1%). Fast 75% der Befragten attestieren ihr eine hohe Chancengerechtigkeit und 90% stimmen der Aussage zu, dass an der RSS auch Schüler unterrichtet werden, welche in Staatsschulen scheitern würden.

Akzeptanz und Identifizierung mit Schule (in %)

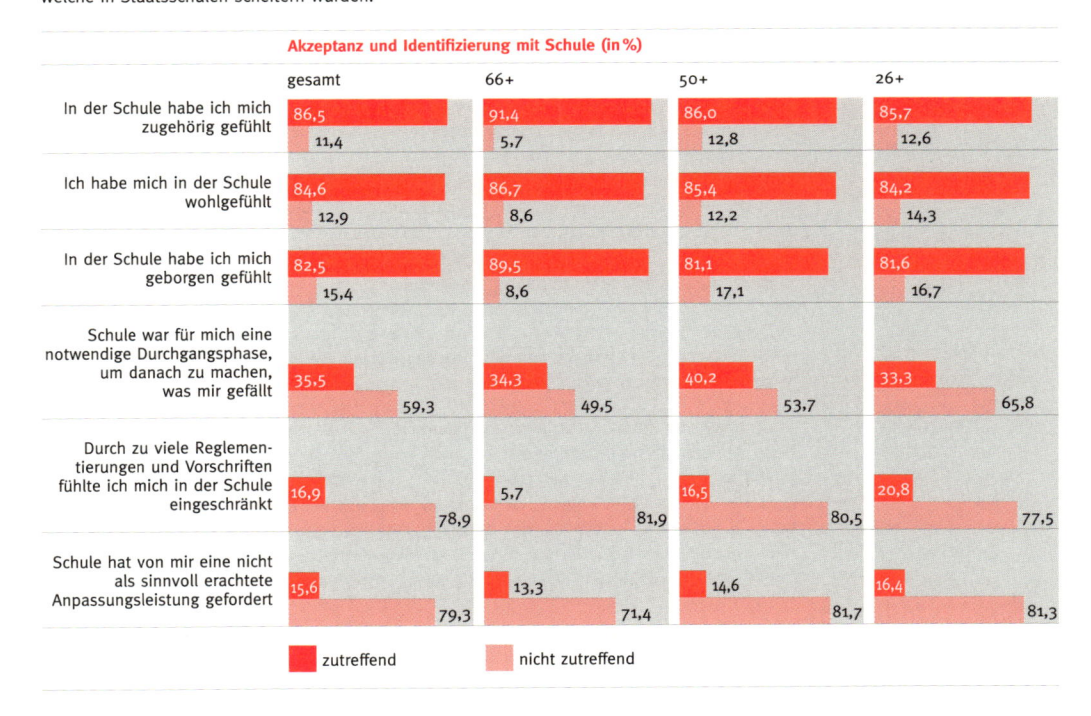

	gesamt	66+	50+	26+
In der Schule habe ich mich zugehörig gefühlt	86,5 / 11,4	91,4 / 5,7	86,0 / 12,8	85,7 / 12,6
Ich habe mich in der Schule wohlgefühlt	84,6 / 12,9	86,7 / 8,6	85,4 / 12,2	84,2 / 14,3
In der Schule habe ich mich geborgen gefühlt	82,5 / 15,4	89,5 / 8,6	81,1 / 17,1	81,6 / 16,7
Schule war für mich eine notwendige Durchgangsphase, um danach zu machen, was mir gefällt	35,5 / 59,3	34,3 / 49,5	40,2 / 53,7	33,3 / 65,8
Durch zu viele Reglementierungen und Vorschriften fühlte ich mich in der Schule eingeschränkt	16,9 / 78,9	5,7 / 81,9	16,5 / 80,5	20,8 / 77,5
Schule hat von mir eine nicht als sinnvoll erachtete Anpassungsleistung gefordert	15,6 / 79,3	13,3 / 71,4	14,6 / 81,7	16,4 / 81,3

■ zutreffend   ■ nicht zutreffend

Die Rudolf Steiner Schulen in der Schweiz – Eine Dokumentation

Die RSS wird mehrheitlich (71,2%) als Schule gesehen, welche gegenüber allen Weltreligionen offen ist. Gleichzeitig finden 68%, dass die Schulen inhaltlich an der Anthroposophie Rudolf Steiners ausgerichtet sind. Diese beiden Aspekte scheinen sich also in den Augen der Teilnehmenden nicht auszuschliessen. Die hohe Einschätzung der inhaltlichen Ausrichtung an der Anthroposophie wird allerdings durch einen später dargestellten Befund relativiert, da hier fast 55% der Ansicht sind, die Anthroposophie Rudolf Steiners habe im alltäglichen Schulleben keine Rolle gespielt. Jedenfalls stimmten lediglich 17,4% (etwas) zu, dass sie sich in der Schule zur Anthroposophie «hin gedrängt gefühlt» haben.

> *Der Hauptunterricht in Epochen wurde von einer grossen Mehrheit (90,4% «trifft zu» bzw. «trifft etwas zu») als sinnvoll bewertet, ebenfalls die notenfreie Beurteilung bis zur 8. Klasse (74,1%).*

Der Aussage «RSS sind die besten Schulen die ich kenne» haben 60,5% zugestimmt. Geht man davon aus, dass die Befragten tatsächlich auch andere Schulen kennen, kann diese Zustimmung als Anzeichen für eine recht grosse Zufriedenheit mit der RSS gelesen werden. Dabei fallen allerdings beachtliche Unterschiede betreffend den befragten Altersgruppen auf: während die höchste Zustimmung bei der mittleren Altersgruppe liegt (50+ mit 69,5% Zustimmung) stimmen dem von den 26- bis 49-Jährigen nur noch 56,7% zu. Gerade was die kritischen Stellungnahmen inklusive der Diagnose von Entwicklungsbedarf der Schule anbelangt, nimmt der Anteil der jüngsten Altersgruppe meist zu. So bejahen die Befragten die Aussage «RSS müssten sich von Grund auf ändern» in der ältesten Gruppe mit 23,8% und in der jüngsten mit 43%. Entsprechend wird die Aufgeschlossenheit gegenüber neueren pädagogischen Entwicklungen bei der ältesten Gruppe von 53,3% attestiert, bei der mittleren Gruppe noch von 37,8% und bei der jüngsten noch von 32,5%. Auch bei der Einschätzung, ob die RSS den einzelnen Kindern nur unzureichend gerecht werde, nehmen die kritischen Stimmen mit abnehmendem Alter zu (Gruppe 66+: 29,5%, Gruppe 26+: 40,6%). Ähnliches ist festzustellen bei der Einschätzung, ob die RSS zu wenig Allgemeinbildung vermittelt (66+: 30,5%, 26+: 40,1%). Diese alterskorrelierten Unterschiede lassen sich allerdings sehr verschieden interpretieren. So können sie ebenso gut durch eine allgemein schulkritischere Sicht der jüngeren Generationen bedingt sein wie durch einen tatsächlichen Leistungsabfall oder neue objektive Wertungsrelationen.

> *60,1% der Befragten finden, die RSS sei zu wenig leistungsorientiert.*

Als gewichtiger demgegenüber kann eingeschätzt werden, dass insgesamt 60,1% der Befragten finden, die RSS sei zu wenig leistungsorientiert. Auch bei einem breiten Interpretationsspektrum für den Begriff «Leistungsorientierung» kann dieser Punkt als beachtenswert bezeichnet werden. Eine zu einseitige Ausrichtung an musisch-künstlerischen Inhalten wird allerdings wiederum nur von knapp 30% der Befragten moniert.

Auffallend bei den allgemeinen Aussagen ist weiter die hohe Zustimmung zum Item «RSS fordern von den Lehrern ein zu hohes Mass an Engagement und Mitarbeit». Die mittlere und die jüngere Altersgruppe stimmen hier mit jeweils gut 75% zu. Dass dies von den ehemaligen Schülerinnen und Schülern so deutlich gesehen wird, dürfte Anlass für die Schulen sein, diesem Aspekt entsprechende Aufmerksamkeit zukommen zu lassen.

Zum Schluss soll hier auf die Einschätzung der Aussage «In RSS werden vor allem Kinder Besserverdienender beschult» hingewiesen werden. Die Aussage findet über die Altersgruppen hinweg zunehmend mehr Zustimmung, von den über 66-jährigen mit knapp 24% bis zu den jüngeren Teilnehmenden mit ca. 33%.

Wie nehmen Ehemalige rückblickend die eigene Schulzeit an der RSS wahr?

> *Mehr als 80% der Befragten geben an, sich in der Schule zugehörig, geborgen und wohl gefühlt zu haben. Demzufolge haben die RSS zweifellos ein bedeutsames Ziel von Schule und eine wichtige Bedingung für die Entwicklung der Kinder und Jugendlichen in hohem Masse erreicht.*

Mehr als 80% der Befragten geben an, sich in der Schule zugehörig, geborgen und wohl gefühlt zu haben. Demzufolge haben die RSS zweifellos ein bedeutsames Ziel von Schule und eine wichtige Bedingung für die Entwicklung der Kinder und Jugendlichen in hohem Masse erreicht. Gut ein Drittel der Befragten hat die Schule als notwendige Durchgangsstation erlebt. Ca. 17% fühlten sich durch zu viele Reglementierungen eingeschränkt und gut 15% fanden, dass die Schule von ihnen sinnlose Anpassungsleitungen gefordert habe.

Würden Ehemalige für sich selber wieder die Rudolf Steiner Schule wählen?
Besuchen ihre Kinder auch wieder die RSS?

Die grosse Mehrheit der Teilnehmenden (81%) würde, wenn sie die Wahl hätte, wieder die RSS besuchen. Ca. 15% verneinten dies. Danach befragt, ob die eigenen Kinder auch wieder eine RSS besuchen, besucht haben oder besuchen werden, antworteten insgesamt 49,4% mit «ja» (älteste Gruppe: 47,3%, mittlere Gruppe: 61,7%, jüngste Gruppe: 44,5%). Als wichtige Gründe, ihre Kinder nicht in RSS zu schicken, nannten die Betroffenen Folgendes: «Auch andere Schulen bieten heute eine gute pädagogische Arbeit an» (grosse Differenz der Altersgruppen: 66+: 40%, 50+: 52,4%, 26+: 60,9%); «Keine RSS in der Nähe, meine Kinder sollen mit den Nachbarkindern in die Schule gehen» (52,2%) und «Zu langer Anfahrtsweg» (50,7%). Fast ein Viertel der Ablehnenden gab als Grund an, es sich nicht leisten zu können. Gründe, welche mit einem negativen Bild der RSS zu tun haben (Vorbehalte bezüglich des pädagogischen Konzepts, der Qualität, der Lehrpersonen sowie schlechte Erinnerungen an die eigene Schulzeit) wurden mit Häufigkeiten von 15% – 19% genannt.

Die grosse Mehrheit der Befragten (81%) würde, wenn sie die Wahl hätte, wieder die RSS besuchen.

Wie zufrieden sind Ehemalige mit den an der RSS vermittelten Inhalten?

Bezüglich der an der RSS begegneten Inhalte drückt eine grosse Mehrheit der Befragten Zufriedenheit aus. Sie sind der Ansicht, dass sie sinnvolles und weiterführendes Wissen erworben haben und dass sie eigene Gedanken und Ideen verwirklichen konnten (70% – 86%). Gleichzeitig ist ein hoher Anteil (67,7%, darunter mehr Frauen) der Ansicht, dass Inhalte wie Sport, Politik oder Sozialwissenschaften in der Schule zu kurz gekommen sind. Auch war über ein Drittel der Befragten der Ansicht, dass die naturwissenschaftlichen Fächer zu kurz gekommen seien und etwa ein Fünftel fühlte sich nur einseitig gefördert.

Bezüglich der an der RSS begegneten Inhalte drückt eine grosse Mehrheit der Befragten Zufriedenheit aus. Sie sind der Ansicht, dass sie sinnvolles und weiterführendes Wissen erworben haben und dass sie eigene Gedanken und Ideen verwirklichen konnten (70% – 86%). Gleichzeitig ist ein hoher Anteil (67,7%, darunter mehr Frauen) der Ansicht, dass Inhalte wie Sport, Politik oder Sozialwissenschaften in der Schule zu kurz gekommen sind.

Welches Bild haben die Befragten von ihren Lehrpersonen?

Die rückblickende Beurteilung ihrer Lehrpersonen zeigt eine sehr positive Wahrnehmung. Mit hohen Prozentzahlen (70% – 82%) wird angegeben, von den Lehrerinnen und Lehrern ernst genommen und anerkannt worden zu sein und von ihnen Verständnis und Interesse erhalten zu haben. Auch die methodisch-didaktische Kompetenz wird rückblickend von ca. 78% positiv beurteilt. Immer noch positiv, aber deutlich schwächer wird interessanterweise die fachliche Kompetenz der Lehrpersonen eingeschätzt.

Wie wird der Einfluss der RSS auf Persönlichkeitsaspekte und die Lebensweltorientierung eingeschätzt?

Der Fragekatalog zum Einfluss der Schule auf die Person der Befragten wies eine Fünferskala auf. Damit konnte angegeben werden, dass der Einfluss der RSS auf den betreffenden Aspekt «günstig», «eher günstig», «weder günstig noch ungünstig», «eher ungünstig» oder «ungünstig» gewesen sei.

Hier kommt zum Ausdruck, dass die RSS in den Augen der Ehemaligen einen grossen Einfluss auf ihre kreativen Fähigkeiten hatte. 88,3% schätzten diesen Einfluss als sehr günstig oder günstig ein. Ebenfalls mit hohen Prozentsätzen als günstig eingeschätzt wurde der Einfluss auf den seelisch-geistigen Reichtum (78,3%) und auf die Fähigkeit, seine eigene Meinung vertreten zu können (77,8%). Auch noch klar mehrheitlich wurde ein günstiger Einfluss auf die Entwicklung einer sinnvollen Lebensperspektive (68,2%), auf das Selbstvertrauen (63,2%), auf das Selbstwertgefühl (60,1%) sowie auf die Flexibilität mit wechselnden Anforderungen umzugehen (62,1%) attestiert.

Die rückblickende Beurteilung ihrer Lehrpersonen zeigt eine sehr positive Wahrnehmung. Mit hohen Prozentzahlen (70% – 82%) wird angegeben, von den Lehrerinnen und Lehrern ernst genommen und anerkannt worden zu sein und von ihnen Verständnis und Interesse erhalten zu haben. Auch die methodisch-didaktische Kompetenz wird rückblickend von ca. 78% positiv beurteilt.

Recht viele Items liegen im Bereich einer 50%-igen Zuschreibung eines günstigen Einflusses, so u.a. bezüglich der Fähigkeit, Lebenskrisen besser bewältigen zu können (55,6%), auf das Interesse für spirituelle Themen (53,2%), auf die Spontaneität (52,6%), auf das Verantwortungsgefühl gegenüber der eigenen Gesundheit (47,4%). Bei diesen ca. 50%-igen Zustimmungen ist anzumerken, dass die andere Hälfte der Befragten öfter einen neutralen Einfluss als einen negativen zugeschrieben hat. Der mit Abstand kleinste Einfluss (18,5% günstig, 63,8% neutral) wurde bezüglich der eigenen politischen Orientierung attestiert. Auf der Seite der Zuschreibung eines (eher) ungünstigen Einflusses fällt dem pädagogischen Blick auf, dass fast 18% einen solchen bezüglich des Selbstvertrauens angeben. Auch wenn dem eine grosse Mehrheit (ca. 63%) an positiven Zuschreibungen gegenüber steht, wirft dieser Punkt doch interessante Fragen auf.

Wie beeinflusst der Besuch der RSS die Bereiche Wissen, Lernen, Umgang mit Wissen?

Man kann hier zunächst die sehr hohe Zuschreibung eines günstigen Einflusses auf verschiedene Aspekte, welche mit der Eigenständigkeit der Person zu tun haben, feststellen: So der Einfluss auf die Fähigkeit, sich selbstständig etwas zu erarbeiten (76,2%), auf die Fähigkeit zum kritischen Denken (73,3%) und zum eigenständigen Urteilen (69,9%), auf das Interesse an der Auseinandersetzung mit anderen Kulturen (70,9%) und mit anderen Meinungen und Einstellungen (70,1%).

Bezüglich der Items, die sich stärker auf fachinhaltliche Kompetenzen beziehen, zeigen sich recht grosse Unterschiede: Der Einfluss auf das sprachliche Ausdrucksvermögen wird von 67% als (eher) günstig bezeichnet, bei den Fremdsprachenkenntnissen sind es ca. 59%, beim praktischen Wissen 45,7% und beim theoretischen Fachwissen (z.B. Physik, Chemie, Mathematik) 41,6%. Während die Ehemaligen, wie oben gezeigt, finden, dass sie bezüglich des eigenständigen Denkens und Arbeitens viel mitbekommen haben, fällt auf, dass beim «Lernen des Lernens» nur 41,3% einen (eher) günstigen Einfluss der Schule angeben; bei der jüngsten Kohorte sind es gar nur 37,1%. Dies verdient insofern Beachtung, als es sich hier um einen in der Wissensgesellschaft unbestritten bedeutsamen Kompetenzbereich handelt.

Welcher Einfluss wird der RSS auf Fähigkeiten im sozialen Bereich zugeschrieben?

Der Einfluss der RSS auf den Bereich Soziales Lernen, Soziale Fähigkeiten wird weitgehend sehr hoch eingeschätzt. Aspekte wie Rücksicht auf Schwächere, Verantwortung gegenüber Umwelt, Mitmenschen und Gemeinschaft, Fairness und Toleranz, Empathiefähigkeit werden alle von 75% bis 82% der Befragten als günstig beeinflusst bezeichnet. Damit attestieren die Ehemaligen ihrer Schule rückblickend in einem gesellschaftlich wichtigen Bereich eine sehr hohe Wirksamkeit. Demgegenüber fällt die Fähigkeit, Konflikte gemeinsam zu lösen mit ca. 51% etwas ab und nochmals deutlich tiefer wird mit 32,2% der Einfluss der Schule auf die Fähigkeit, mit Konkurrenzsituationen umzugehen, eingeschätzt.

> *Während die Ehemaligen, wie oben gezeigt, finden, dass sie bezüglich des eigenständigen Denkens und Arbeitens viel mitbekommen haben, fällt auf, dass beim «Lernen des Lernens» nur 41,3% einen (eher) günstigen Einfluss der Schule angeben.*

Lehrer und Unterricht (in %)

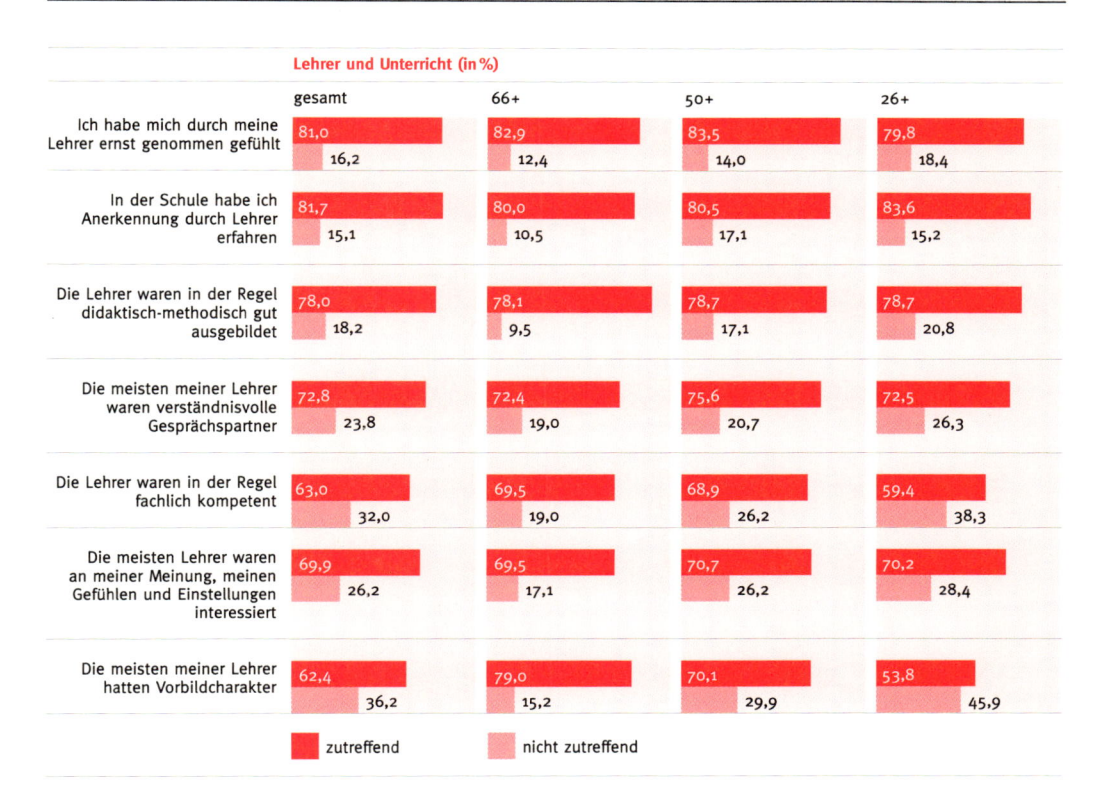

Aussage	gesamt (zutreffend / nicht zutreffend)	66+ (zutreffend / nicht zutreffend)	50+ (zutreffend / nicht zutreffend)	26+ (zutreffend / nicht zutreffend)
Ich habe mich durch meine Lehrer ernst genommen gefühlt	81,0 / 16,2	82,9 / 12,4	83,5 / 14,0	79,8 / 18,4
In der Schule habe ich Anerkennung durch Lehrer erfahren	81,7 / 15,1	80,0 / 10,5	80,5 / 17,1	83,6 / 15,2
Die Lehrer waren in der Regel didaktisch-methodisch gut ausgebildet	78,0 / 18,2	78,1 / 9,5	78,7 / 17,1	78,7 / 20,8
Die meisten meiner Lehrer waren verständnisvolle Gesprächspartner	72,8 / 23,8	72,4 / 19,0	75,6 / 20,7	72,5 / 26,3
Die Lehrer waren in der Regel fachlich kompetent	63,0 / 32,0	69,5 / 19,0	68,9 / 26,2	59,4 / 38,3
Die meisten Lehrer waren an meiner Meinung, meinen Gefühlen und Einstellungen interessiert	69,9 / 26,2	69,5 / 17,1	70,7 / 26,2	70,2 / 28,4
Die meisten meiner Lehrer hatten Vorbildcharakter	62,4 / 36,2	79,0 / 15,2	70,1 / 29,9	53,8 / 45,9

■ zutreffend   ■ nicht zutreffend

Fend *(1998)* resümiert auf der Basis seiner umfangreichen Untersuchungen zum Schulklima, dass in guten Schulen v.a. die Beziehungen zwischen den Menschen gut sind. Dabei nimmt er Bezug auf die folgenden Beziehungsqualitäten:

– Lehrer und Schüler nehmen sich gegenseitig ernst
– Lehrer und Schüler können Einfluss nehmen
– Lehrer und Schüler können sich aufeinander verlassen, beide haben das Gefühl dazuzugehören, beteiligt zu sein («belonging»)

Insofern spricht aufgrund der in dieser Studie ermittelten Ergebnisse vieles dafür, dass in RSS eine «personenbezogen-demokratische Schulkultur» *(Fend 1998, S. 146)* vorzuherrschen scheint, die durch gegenseitiges Vertrauen, Rücksichtnahme und dem Gewähren von Freiräumen zwischen den Lehrenden und den Lernenden gekennzeichnet ist.

Ein Qualitätsmerkmal von Schule, dem unbedingt ein hoher Stellenwert beizumessen ist. Denn die Befunde aus der Schulklimaforschung weisen auf die nicht unerhebliche Bedeutung der sozialen Qualität von Schule für die schulische Praxis hin, zumal sich die Beziehungskultur in der Gestalt des empfundenen Einbezugs in den schulischen Lebens- und Lernprozess und des Vertrauens sowie der Fürsorglichkeit nachweislich positiv auf die Haltung bzw. Einstellung zur Schule auswirkt.

Die damit gleichzeitig indizierte Gesprächskultur steht daher in Zusammenhang mit der Schulfreude bzw. der Schulverdrossenheit der Schüler, weshalb der Beziehungspflege im pädagogischen Alltag ein hoher Stellenwert zuzuschreiben ist. Lehrerarbeit ist daher immer auch Beziehungsarbeit *(Ziehe 1984)*.

STATISTIK

Die Darstellung der Entwicklung von 1991 bis 2006 gibt einen Überblick über quantitativ fassbare Daten der Rudolf Steiner Schulbewegung. Sie spiegelt das Verhalten fast aller Rudolf Steiner Schulen, als pädagogische Einrichtung in freier Trägerschaft. Die Stiftung zur Förderung der Rudolf Steiner Pädagogik in der Schweiz hat diese Zahlen zur Verfügung gestellt, insbesondere sei Herr Christoph Amman für die Zusammenfassung gedankt.

Statistik **ENTWICKLUNG 1991-2006**

ENTWICKLUNG SCHÜLER- UND ELTERNZAHLEN

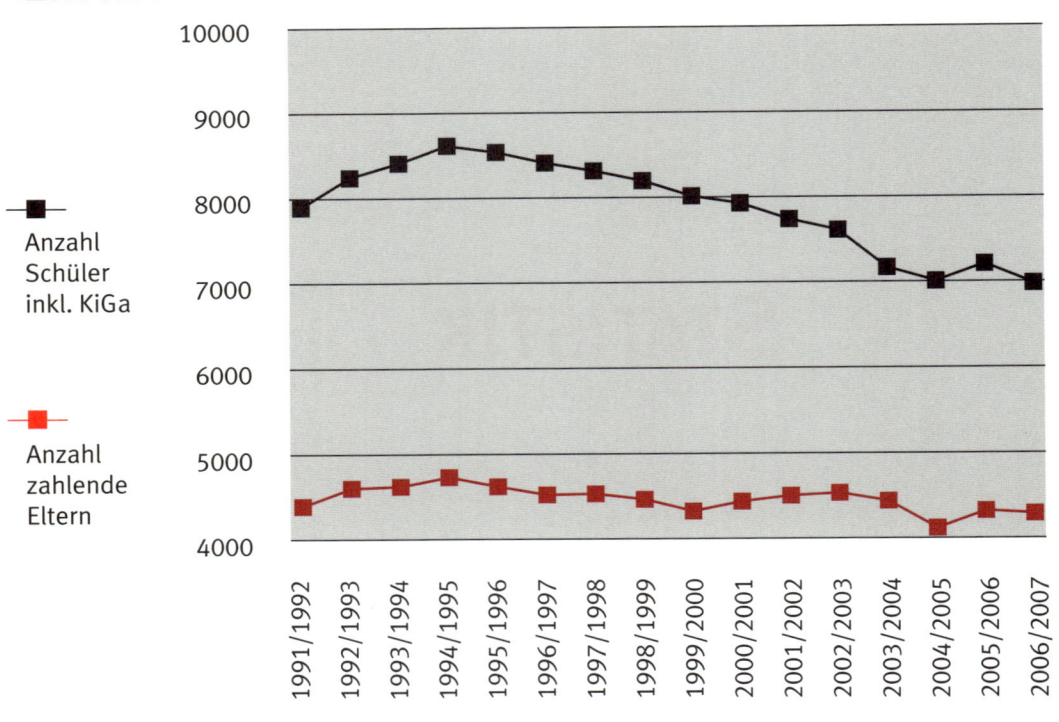

■ Anzahl Schüler inkl. KiGa

■ Anzahl zahlende Eltern

ENTWICKLUNG AUFWAND UND ERTRAG

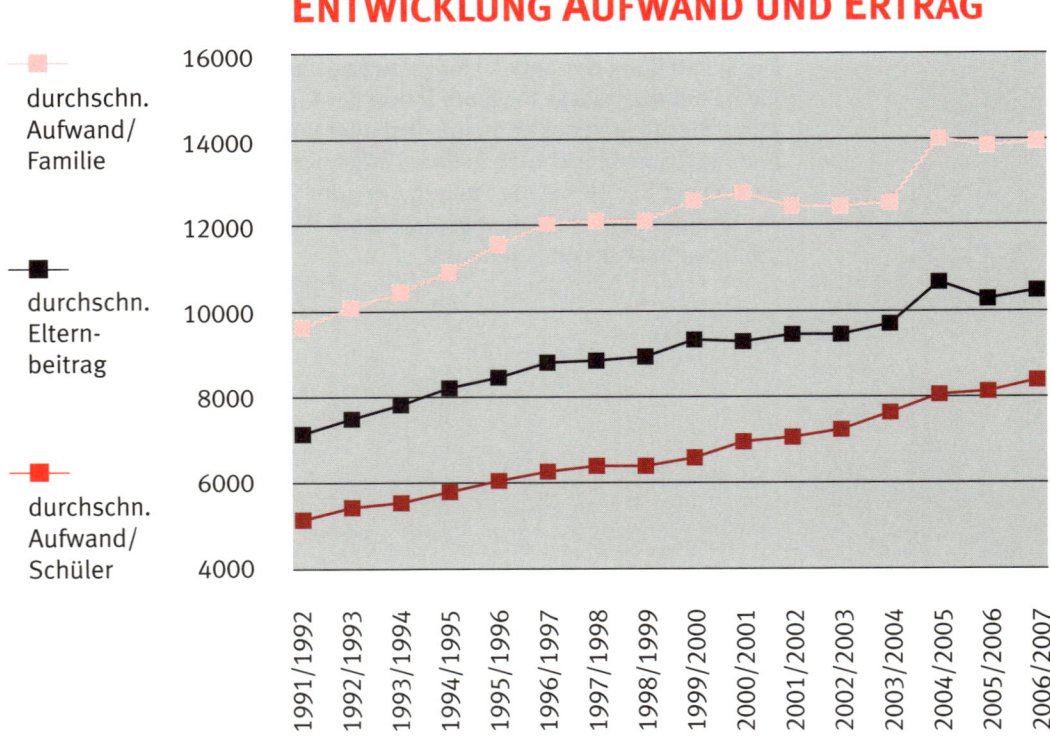

■ durchschn. Aufwand/Familie

■ durchschn. Elternbeitrag

■ durchschn. Aufwand/Schüler

Heinz Zimmermann, Robert Thomas

ENTWICKLUNG ANZAHL KLASSEN

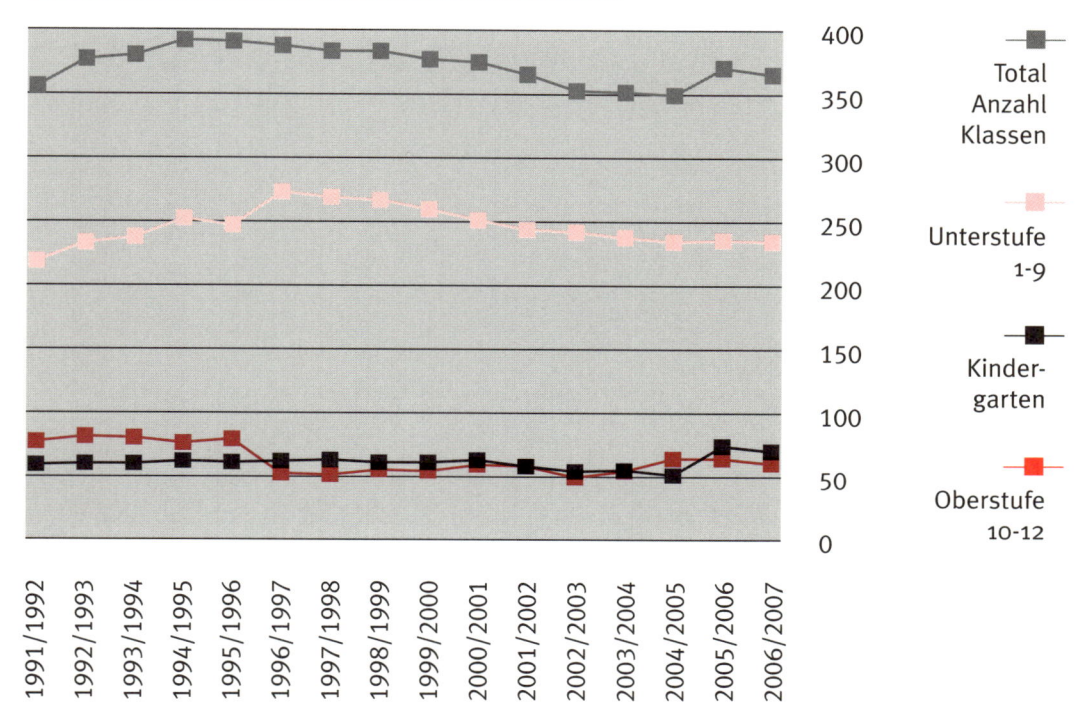

ENTWICKLUNG ANZAHL SCHÜLER

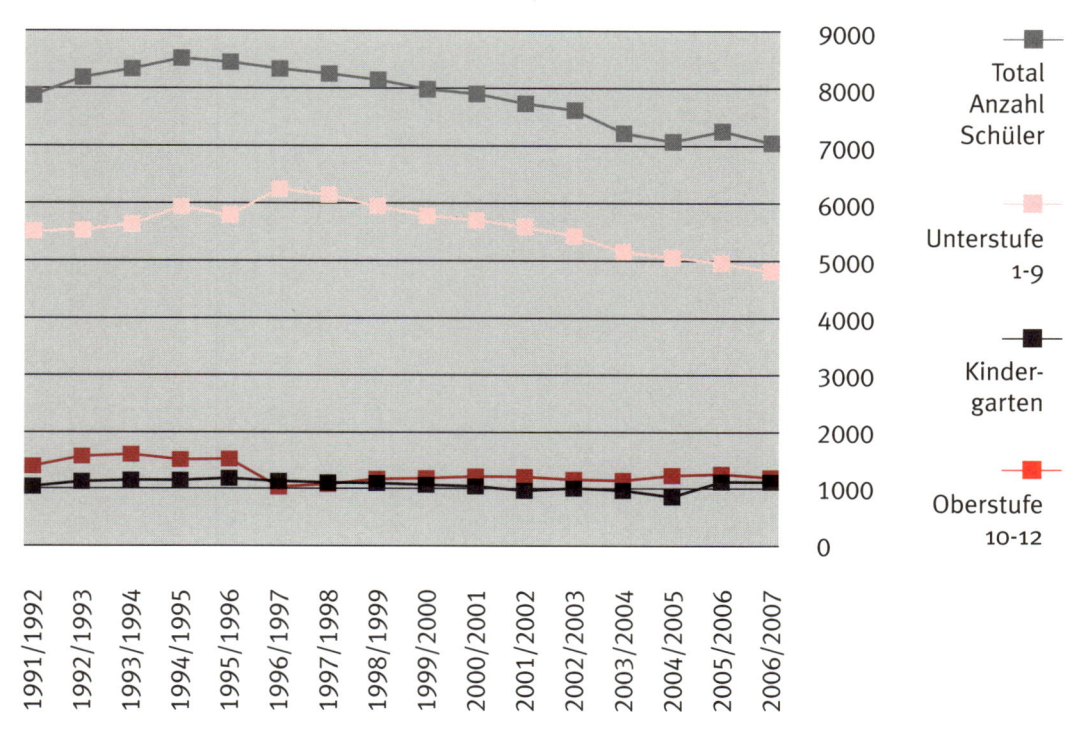

Die Rudolf Steiner Schulen in der Schweiz – Eine Dokumentation

Statistik — ENTWICKLUNG 1991-2006

Entwicklung der Rudolf Steiner Schulen in der Schweiz von 1991 bis 2006

EFFEKTIVE WERTE

Schuljahr	Anzahl Schulen (nur stat. ausgewertete)	Anzahl Klassen Total	Anzahl Kindergärten	Anzahl Unterstufe 1.-9. Klasse	Anzahl Oberstufe 10.-12. Klasse	Anzahl übrige Klassen	Anzahl Schüler Total	Anzahl Kindergarten-Kinder	Anzahl Unterstufe 1.-9. Klasse	Anzahl Oberstufe 10.-12. Klasse	Anzahl übrige Klassen	Anzahl Pensen Total	Anzahl zahl. Eltern
1991/1992	29	355	59	219	77	0	7781	981	5433	1367	0	951	4378
1992/1993	30	375	60	233	81	1	8110	1074	5452	1557	27	998	4583
1993/1994	29	378	60	237	80	1	8270	1100	5567	1593	10	1036	4603
1994/1995	29	389	62	251	76	0	8465	1096	5877	1492	0	1059	4708
1995/1996	29	388	61	246	79	2	8392	1136	5729	1504	23	1110	4601
1996/1997	30	385	62	271	52	0	8270	1081	6215	974	0	790	4505
1997/1998	31	381	63	267	51	0	8179	1055	6096	1026	2	765	4514
1998/1999	31	381	61	265	55	0	8066	1045	5892	1124	5	738	4449
1999/2000	31	375	61	258	54	2	7894	1013	5722	1139	20	760	4312
2000/2001	33	373	63	250	59	1	7812	985	5642	1174	11	740	4422
2001/2002	31	364	58	243	58	5	7634	904	5509	1167	54	711	4487
2002/2003	30	352	54	241	49	8	7513	947	5346	1112	108	699	4516
2003/2004	31	351	55	237	54	5	7094	907	5052	1096	39	705	4423
2004/2005	31	349	51	234	64	0	6941	787	4952	1191	11	719	4113
2005/2006	31	369	74*	235	60	0	7132	1072*	4843	1217	0	699	4309
2006/2007	31	364	70*	234	60	0	6916	1067*	4700	1149	0	705	4278
Tiefstwert	29	349	51	219	49	0	6916	787	4700	974	0	699	4113
Höchstwert	33	389	74	271	81	8	8465	1136	6215	1593	108	1110	4708
Durchschnitt	30	371	61	245	63	2	7779	1016	5502	1243	19	824	4450

* Achtung: ab Schuljahr 2005/06 beim Kindergarten inkl. Spielgruppen und Eltern/Kind-Gruppen!

Heinz Zimmermann, Robert Thomas

EFFEKTIVE WERTE

EFFEKTIVE WERTE Schuljahr	ERTRÄGE IN 1000 FRANKEN			AUFWAND IN 1000 FRANKEN			BILANZSTRUKTUR IN 1000 FRANKEN				
	Total Erträge	Eltern-Beiträge	übrige Erträge	Total Aufwand	Personal-Aufwand	übriger Aufwand	Bilanz-Summe	Anlage-vermögen	Umlaufs-vermögen	Fremd-kapital	Eigen-Kapital
1991/1992	41'883	32'470	9'413	42'940	33'499	9'441	110'640	97'153	13'487	83'616	27'024
1992/1993	46'365	35'534	10'831	46'949	36'119	10'830	123'073	108'076	14'997	87'411	35'662
1993/1994	48'159	37'145	11'014	48'733	37'742	10'991	120'155	110'607	9'548	83'296	36'859
1994/1995	51'970	39'777	12'193	51'927	39'694	12'233	123'571	110'058	13'513	82'221	41'350
1995/1996	52'260	39'949	12'311	53'567	41'432	12'135	116'842	107'330	9'512	80'372	36'470
1996/1997	53'378	40'620	12'758	54'480	41'118	13'362	111'318	104'838	6'480	87'177	24'141
1997/1998	53'847	40'892	12'955	54'903	41'993	12'910	116'663	109'287	7'376	92'310	24'353
1998/1999	53'229	40'682	12'547	54'112	41'481	12'631	111'461	104'503	6'958	86'728	24'733
1999/2000	53'889	41'044	12'845	54'387	41'959	12'428	112'760	105'218	7'542	84'696	28'064
2000/2001	55'843	41'906	13'937	56'540	42'809	13'731	115'381	106'626	8'755	84'986	30'395
2001/2002	55'578	43'235	12'343	56'014	42'527	13'487	116'772	106'289	10'483	90'260	26'512
2002/2003	56'119	43'518	12'601	56'386	42'979	13'407	114'534	104'225	10'309	86'323	28'211
2003/2004	56'253	43'687	12'566	55'972	43'988	11'984	116'375	104'426	11'949	82'612	33'763
2004/2005	57'473	44'438	13'035	57'584	45'449	12'135	119'257	108'191	11'066	90'640	28'617
2005/2006	59'326	44'948	14'378	59'658	45'656	14'002	116'422	103'745	12'677	86'676	29'746
2006/2007	58'391	45'435	12'956	59'617	46'736	12'881	0			0	0
Tiefstwert	41'883	32'470	9'413	42'940	33'499	9'441	110'640	97'153	6'480	80'372	24'141
Höchstwert	59'326	45'435	14'378	59'658	46'736	14'002	123'571	110'607	14'997	92'310	41'350
Durchschnitt	53'373	40'955	12'418	53'986	41'574	12'412	116'348	106'038	10'310	85'955	30'393

Die Rudolf Steiner Schulen in der Schweiz – Eine Dokumentation

Statistik — ENTWICKLUNG 1991-2006

ENTWICKLUNG DER RUDOLF STEINER SCHULEN IN DER SCHWEIZ VON 1991 BIS 2006

KENN-ZAHLEN Schuljahr	in % Elternbeiträge/ Total Erträge	in % übrige Erträge/ Total Erträge	ø Elternbeitrag/ Familie (z.)	in % Personal-Aufwand/ Total	in % übriger Aufwand/ Total Aufwand	in % Elternbeiträge/ Personal-Aufwand	in % Anlagevermögen/ Bilanz-Aufwand	in % Umlaufvermögen/ Bilanz-summe	in % Fremdkapital/ Bilanz-summe	in % Eigenkapital/ Bilanz-summe	ø Fremdkapital/ Familie
1991/1992	78%	22%	7.417	78%	22%	97%	88%	12%	76%	24%	19.099
1992/1993	77%	23%	7.753	77%	23%	98%	88%	12%	71%	29%	19.073
1993/1994	77%	23%	8.070	77%	23%	98%	92%	8%	69%	31%	18.096
1994/1995	77%	23%	8.449	76%	24%	100%	89%	11%	67%	33%	17.464
1995/1996	76%	24%	8.683	77%	23%	96%	92%	8%	69%	31%	17.468
1996/1997	76%	24%	9.017	75%	25%	99%	94%	6%	78%	22%	19.351
1997/1998	76%	24%	9.059	76%	24%	97%	94%	6%	79%	21%	20.450
1998/1999	76%	24%	9.144	77%	23%	98%	94%	6%	78%	22%	19.494
1999/2000	76%	24%	9.519	77%	23%	98%	93%	7%	75%	25%	19.642
2000/2001	75%	25%	9.477	76%	24%	98%	92%	8%	74%	26%	19.219
2001/2002	78%	22%	9.636	76%	24%	102%	91%	9%	77%	23%	20.116
2002/2003	78%	22%	9.636	76%	24%	101%	91%	9%	75%	25%	19.115
2003/2004	78%	22%	9.877	79%	21%	99%	90%	10%	71%	29%	18.678
2004/2005	77%	23%	10.804	79%	21%	98%	91%	9%	76%	24%	22.037
2005/2006	76%	24%	10.431	77%	23%	98%	91%	9%	74%	26%	20.115
2006/2007	78%	22%	10.621	78%	22%	97%	89%	11%			
Tiefstwert	75%	22%	7.417	75%	21%	96%	88%	6%	67%	21%	17.464
Höchstwert	78%	25%	10.804	79%	25%	102%	94%	12%	79%	33%	22.037
Durchschnitt	77%	23%	9.224	77%	23%	98%	91%	9%	74%	26%	19.294

Heinz Zimmermann, Robert Thomas

KENNZAHLEN

KENN-ZAHLEN Schuljahr	Anzahl Schüler/ Klasse (inkl. KiGa)	Anzahl Schüler/ Klasse KiGa	Anzahl Schüler/ Klasse Unterstufe	Anzahl Schüler/ Klasse Oberstufe	Anzahl zahlende Eltern/ Schule	Anzahl Pensen/ Klasse (inkl. KiGa)	Anzahl Schüler/ Familie	ø Aufwand/ Schüler	ø Aufwand/ Familie	ø Personalkosten/ Pensum
1991/1992	21.9	16.6	24.8	17.8	151	2.7	1.8	5.519	9.808	35.225
1992/1993	21.6	17.9	23.4	19.2	153	2.7	1.8	5.789	10.244	36.191
1993/1994	21.9	18.3	23.5	19.9	159	2.7	1.8	5.893	10.587	36.431
1994/1995	21.8	17.7	23.4	19.6	162	2.9	1.8	6.134	11.030	37.483
1995/1996	21.6	18.6	23.3	19.0	159	2.1	1.8	6.383	11.642	37.326
1996/1997	21.5	17.4	22.9	18.7	150	2.0	1.8	6.588	12.093	52.048
1997/1998	21.5	16.7	22.8	20.1	146	1.9	1.8	6.713	12.163	54.893
1998/1999	21.2	17.1	22.2	20.4	144	2.0	1.8	6.709	12.163	56.207
1999/2000	21.1	16.6	22.2	21.1	139	2.0	1.8	6.890	12.613	55.209
2000/2001	20.9	15.6	22.6	19.9	134	2.0	1.8	7.238	12.786	57.850
2001/2002	21.0	15.6	22.7	20.1	145	2.0	1.7	7.337	12.484	59.813
2002/2003	21.3	17.5	22.2	22.7	151	2.0	1.7	7.505	12.486	61.486
2003/2004	20.2	16.5	21.3	20.3	143	2.0	1.6	7.890	12.655	62.394
2004/2005	19.9	15.4	21.2	18.6	133	2.1	1.7	8.296	14.000	63.211
2005/2006	19.4	14.6	20.6	20.3	139	1.9	1.7	8.365	13.845	65.316
2006/2007	19.0	15.4	20.1	19.2	138	1.9	1.6	8.620	13.936	66.264
Tiefstwert	19.0	14.6	20.1	17.8	132.7	1.9	1.6	5.519	9.808	35.225
Höchstwert	21.9	18.6	24.8	22.7	162.3	2.9	1.8	8.620	14.000	66.264
Durchschnitt	21.0	16.7	22.4	19.8	146.5	2.2	1.7	6.992	12.158	52.334

Die Rudolf Steiner Schulen in der Schweiz – Eine Dokumentation

ANHANG

Bibliographie

Von Rudolf Steiner in der Schweiz gehaltene Vorträge zur Pädagogik (nach: Johannes Kiersch hrg., Rudolf Steiner Texte zur Pädagogik, Dornach 2004)

Basel 22.2.1911, Anlage, *Begabung und Erziehung des Menschen* (öff., unveröff.)

Zürich 25.2.1911, *Die Arbeit des Ich am Menschen* (Mitglieder)

Dornach 9.1.1915, *Über Gesangs- und Rezitationspädagogik* (Mitglieder), GA 161

Dornach, 2.2.1915, *Über die Bedeutung spiritueller Vorstellungen für Erzieher und Lehrer* (Mitglieder)

Dornach, 21.10.1917, *Über «sinniges Erzählen»* (Mitglieder), GA 177

Die Erziehungsfrage als soziale Frage. Die spirituellen, kulturgeschichtlichen und sozialen Hintergründe der Waldorf-Pädagogik
6 Vorträge Dornach 9. bis 17.8.1919. Für Freunde und Mitglieder – GA 296

Soziales Verständnis aus geisteswissenschaftlicher Erkenntnis
Zweiter Vortrag Dornach 4.10.1919. Für Freunde und Mitglieder – GA 191

Geistesfragen. Geisteswissenschaft (Kunst, Wissenschaft und Religion) Erziehungswesen. Soziale Kunst
Öffentlicher Vortrag Zürich 28.10.1919. Mit Fragebeantwortung – AG 332a

Die sozial-pädagogische Bedeutung der anthroposophisch orientierten Geisteswissenschaft
Öffentlicher Vortrag Basel 25.11.1919. Mit Fragebeantwortung – GA 297

Geisteswissenschaft und Pädagogik
Vortrag für Lehrer. Basel 27.11.1919. Mit Fragebeantwortung – GA 297

Die geistigen Kräfte in der Erziehungskunst und im Volksleben
Öffentlicher Vortrag Zürich 18.3.1920 – GA 334

Die Hygiene als soziale Frage
Öffentlicher Vortrag Dornach 7.4.1920 – GA 314

Die Erneuerung der pädagogisch-didaktischen Kunst durch Geisteswissenschaft
14 Vorträge für Lehrer aus öffentlichen Schulen, Basel 20.4. bis 11.5.1920 – GA 301

Über die Beziehung des Menschen zum Weltall
Vortrag Dornach 25.4.1920. Für Freunde und Mitglieder – GA 201

Erziehung und soziale Gemeinschaft vom Gesichtspunkt der Geisteswissenschaft
Öffentlicher Vortrag Aarau 21.5.1920 – GA 297

Bericht über das erste Jahr der Waldorfschule
Vortrag Dornach 6.8.1920. Für Freunde und Mitglieder – GA 199

Pädagogisch-didaktische Kunst und die Waldorfschule.
Vortrag Dornach 8.9.1920. Für Lehrer – GA 297

Über Bilder im Unterricht
Vortrag Dornach 11.9.1920. Für Freunde und Mitglieder – GA 199

Besprechung pädagogischer und psychologischer Fragen
Dornach 8.10.1920. Mit Teilnehmern des 1. anthroposophischen Hochschulkurses – GA 297

Anthroposophie und pädaogische Kunst
Vortrag mit Fragebeantwortung Olten 29.12.1920. Für Lehrer – GA 297

Anthroposophie und Lebenspraxis
Vortrag Dornach 22.1.1921. Für Freunde und Mitglieder – GA 203

Über Gedächtnis und Liebe
Vortrag 24.7.1921. Für Freunde und Mitglieder – GA 206

Zur Entwicklung des Kindes im zweiten Jahrsiebt
Vortrag Dornach 7.8.1921. Für Freunde und Mitglieder – GA 206

Die pädagogische Bedeutung der Erkenntnis vom gesunden und kranken Menschen
Öffentlicher Vortrag mit Fragebeantwortung. Dornach 26.9.1921 – GA 304

Die pädagogische Grundlage der Waldorfschule
Öffentlicher Vortrag mit Diskussion, Aarau 11.11.1921 – GA304

Die gesunde Entwicklung des Menschenwesens. Eine Einführung in die anthroposophische Pädagogik und Didaktik. Weihnachtskurs für Lehrer. 16 Vorträge und 3 Fragebeantwortungen, Dornach 23.12.1921 bis 7.1.1922 – GA 303

Die pädagogische Praxis vom Gesichtspunkte geisteswissenschaftlicher Menschenerkenntnis. Die Erziehung des Kindes und jüngeren Menschen
8 Vorträge, 3 Fragebeantwortungen und eine Ansprache. Dornach 15. bis 22.4.1923 – GA 306

Warum eine anthroposophische Pädagogik?
Erster Vortrag Dornach 30.6.1923 – GA 304a

Warum eine anthroposophische Pädagogik?
Zweiter Vortrag Dornch 1.7.1923 – GA 304a

Über den Zusammenhang von Erziehungskunst und Heilkunst
Vortrag Dornach 9.11.1923. Für Freunde und Mitglieder – GA 230

Sitzung des «Schulvereins für freies Erziehungs- und Unterrichtswesen in der Schweiz»
Dornach 16.3.1924 – GA 260a

Anthroposophische Pädagogik und ihre Voraussetzungen
5 öffentliche Vorträge, 3 Fragebeantwortungen und eine Ansprache vor einer Vorführung pädagogischer Eurythmie. Bern 13. bis 17.4.1924 – GA 309

Die Erste Waldorfschule Stuttgart – Uhlandshöhe 1919-2004
Daten, Dokumente, Bilder. Dietrich Erstel, Edition Waldorf, Stuttgart 2006

50 Jahre Pädagogik Rudolf Steiners – Jubiläumsschrift der Rudolf Steiner Schulen in der Schweiz, Basel 1969

Wenn nicht speziell vermerkt, stammen die Angaben über die Schulen aus den jeweiligen Schulmitteilungen.

Andere Informationsquellen:

Gemeinschaftsbildung in anthroposophischen Einrichtungen «Die Schliessung des Waldorf-Internats Schloss Glarisegg»
Elisabeth Anderegg, 2002

Waldorf Pädagogik Weltweit. Ein Überblick über die Entwicklung der Waldorfpädagogik sowie der anthroposophischen Heilpädagogik und Sozialpädagogik, herausgegeben von Freunde der Erziehungskunst Rudolf Steiner e.V

Befragung ehemaliger Schülerinnen und Schüler von Rudolf Steiner Schulen.
Büro für Bildungsfragen, B.Fink& W.Goetze 1999

Bildung und Lebensgestaltung ehemaliger Schüler von Rudolf Steiner Schulen in der Schweiz: Eine Absolventenbefragung, Peter Lang GmbH. Dirk Randoll/Heiner Barz 2007

Bodo von Plato, hrsg. Anthroposophie im 20. Jahrhundert, ein Kulturimpuls in biografischen Porträts, Dornach 2003

www.anthromedia.net

www.kulturimpuls.org

www.steinerschule.ch

Heinz Zimmermann

1937	geboren, besuchte die Rudolf Steiner Schule Basel, nach der Promotion viele Jahre dort Oberstufenlehrer (Deutsch, Geschichte, Kunstgeschichte), Mitwirkung am Dornacher Lehrerseminar.
1988	Berufung in den Vorstand der Allgemeinen Anthroposophischen Gesellschaft
1989 bis 2001	Leitung der Pädagogischen Sektion
1992 bis 1999	Leitung der Jugendsektion
heute	Dozent für Anthroposophie am Goetheanum

Robert Thomas

1949	geboren, klassische Maturität, Studium der Psychologie und der Sozialwissenschaft
1976	Lehrer an der Rudolf Steiner Schule Zürich als Französisch-, Kunstgeschichts-, Geschichts- und Religionslehrer
1978	Mitglied der Arbeitsgemeinschaft der Rudolf Steiner Schulen in der Schweiz
1984	Mitbegründer der «Formation pédagogique anthroposophique de Suisse romande» und Mitarbeiter der Pädagogischen Sektion
1990	Mitglied des Internationalen Haagerkreises
seit 1996	Leiter der Koordinationsstelle der Arbeitsgemeinschaft der Rudolf Steiner Schulen in der Schweiz und Liechstenstein

Namensregister

Abbondio G. 70
Ackeret H. 83
Aebersold Johannes 85
Aebi Franz 21 51
Aepli Anne-Marie 47
Aeppli Regine 87
Aeppli Willi 15 16 33
Aeschlimann Bernhard 35 53 91
Aila Peitilä 43
Alberti M. 78
Albrecht Heinz 57
Allenbach Elisabeth 51
Amacher Pia 28
Ammann Christoph 133
Anderegg Elisabeth 92
Anderegg Frau 60
André Verena 67
Anner Therese 70
Arnold Anita 46

Bacchetta Alain 53
Bähler Heinz 92
Balastèr-von Wartburg Maria 18
Bärtschi Ernst 85
Bässler Gottfried 64
Bättig U. 83
Baud H. 54
Baumgartner Daniel 58
Baumgartner Sabine 70
Baumgartner Uli 70
Bausch Gabriela 79
Beck Martin 92
Beeck Frau 71
Béguelin Ruth 18
Belart Werner 56
Bieri Antoinette 53
Biesantz Brigitte 57
Bigler Dieter 46
Bigler Judith 46
Binswanger Frau 71
Birkenmeier Hermann 37
Bischler Hansruedi 59
Blaser P. 55
Blaser Rosmarie 9 32
Blatter Albert 85
Bleiker Peter 71
Bleuler U. 83
Blösch Doris 28
Blösch Peter 28
Blümel Ernst 12 13
Blumer S. 64
Bon Renato 80
Boos Roman 11 13
Boos-Hamburger Hilde 12
Borgs Sigurd 43
Bosshard Clara 15 16
Bosshardt Clara 14
Bracher Gertrud 20
Brantschweiler Melanie 20
Brechbühler Hans 53
Brentzel Helene 16
Brodbeck Kurt 36

Broger Hans 84
Brotbeck Kurt 53
Brügger Paul 18
Brunschwiler Frl. 21
Büche Hanspeter 71
Büchi Peter 36
Buchmann Ruth 56
Buchs H. 51
Buchs Herbert 51
Bühle Ernst 20
Bühler Elisabeth 53
Bühler Ernst 36
Bühler Ernst 53
Buholzer Hanspeter 39
Bührer Hermann 73
Bürgi H. 83
Burr Hans 68
Burren Beatrice 106
Butscher Willi 18
Byland Willy 91

Ceppi Bruna 79
Cervini Renato 4, 27, 31
Christen Helga 21
Chylé Walter 56
Clouder Christopher 43
Colombo Enrico 79
Congiu Edith und Virgilio 78
Crettaz 84

de Jaager Frau 18
Degen Hans 71
Denoth Ingrid 47
Denoth Jochen 47
Dérobert Pierr A. 67
Desaules Marc 93
Dessecker Julius 16, 30, 59, 71
Dessecker-Gadient Edith 16, 30, 59, 71
Dollfuss Andreas 29, 35
Dominik Elke 34
Dönges Eckhart 21, 36
Dörfler Otfried 4, 27, 28, 30, 63, 91
Dudler Hans-Peter 34
Duss Esther 70
Duwan Ida 20

Eckstein Karin 31
Egger G. u. E. 54
Egger Margrit 71
Eltz Heinrich 20, 36, 51
Emberson Paul 37
Engel Francis 53
Engel Herr 46
Engeler Carlo 78
Engelwald Armin 91
Englert-Faye Curt 17, 18, 33, 88
Epper Walter 79
Erismann Beatrice 79
Erismann Dr. 46
Erni 84
Escher A. u. CH. 89

Escher 84
Etienne E. 17
Eymann Friedrich 14, 33, 35, 48, 49
Eymann Fritz 51
Eymann Hermann 20, 21, 36
Eymann Margrit 21

Faillacci Lucia 80
Fankhauser U. B. 83
Feller Hans 51
Fent Guiseppe 72
Feschotte Pierre 81
Fischbach Marion 72
Fischer Hans 18
Fischer Otto 18
Fischter N. 79
Flückiger Hans 53
Flume Jeppe 43
Flury Sylvia 34
Folgmann Leonie 59
Frank Kathryn 75
Frischknecht Alfred 71
Fritz-Klinger Lili 16
Frutiger Max 51
Fuhrer Heinz 75
Fulgosi Marielle und Fédérico 81
Füssel Margret 34

Gaberell M. 54
Galli Alesandro 80
Ganz Ruthild 16
Geering Rudolf 13
Gerbert Hildegard 34
Gessler Luzius 65
Geste Esther 79
Gillabert Jacqueline 93
Gmelin Eginhard 68
Goldmann Brigitte 43
Goldschmidt Gilad 43
Goumaz Isabelle 93
Graf A. 79
Graf Emma und Alfred 79
Graf. M. u. L. 71
Grandjean Anita 93
Grandjean Rémy 93
Grimley Michael 43
Grob-Stalder Rita 72
Groddeck Marie 12
Groot Cara 57
Gross-Anderegg Lilly 18
Grosse Rudolf 14, 15, 16, 34, 35, 71, 85, 91
Gygax Irene 59

Haas Helene 59
Haas Helene und Ruedi 59
Hagnauer Lucie 28
Hari Hans 20, 21, 29, 36
Harslem Michael 27
Hartmann G. 59
Hartmann Georg 33, 34
Hauenstein Urs 38

Haueter Bruno 91
Hauser Fritz 13
Häusermann M. u. W. 54
Häusler-Hämmerli Elisabeth 15, 16
Heim Walter 73
Heim Yvonne 73
Heinrich Alfred 70
Heinrich Sue 70
Heinz E. 83
Heinz W. 83
Heinzer Ernst 85
Heitz-Ostheimer Franziska 37, 65
Helfenstein A.M. 83
Heller Bertha 88
Herrmannstorfer Udo 27
Herzog Marie 14
Hessen Herbert 57
Heuser Annie 33, 34
Hilden Annemarie 21
Hilden Raphael 21
Hiller Frau 71
Hindermann Regine 47
Hodel René 31
Hohl Danielle 82
Hölz Dieter 21
Homberger Thomas 38
Host Doris 73
Hotz T. 59
Hubbeling Elisabeth 28, 83
Huber H. 71
Huber-Schwarz Ulrike 70
Huese Hetty Hinke 43
Hufenus Niklaus 71
Hug Christoph 31
Hug Jacques 85
Hugi Therese 51, 52
Hünerfauth Herr 46
Hunziker Roland 31, 71

Iala Roswitha 31, 32
Iseli H. 55
Ith Arnold 13

Jaggi Hans 20, 83
Jaggi Werner 36, 53
Jäggli Peter 27, 71
Janach Gertrud 64
Jenny Paul 17, 89
Jensen Thomas 59
Joos Christoph 91
Jost E. 46

Kaiser Hans 85
Kämpfer Fritz 85
Känel Walter 86
Kaufmann Edwin 30, 35, 36
Kaufmann Megumi 70
Kellenberger Frédy 81
Keller Pia 51
Keller Walter 46
Klieber B. 93
Klingler Wolfgang 65

Klose Herr und Frau 66
Knopfli-Mettler Marlis u. Walter 71
Konrad C. 82
Körber Irene 70
Kottke Ellen Marie 43
Kottmann B. 46
Kramis Eva 65
Krattiger Ursa 38
Krauer Christin 70
Krauer Paul 70
Kropf Michael 67
Kuenzli G. 83
Kugler G. 83
Kugler R. 83
Kuhn Albin 71
Kuhn H. 57
Kuhn P. 83
Kulig Herr und Frau 80
Künzle-O'Conners Daniel 65
Kupper Arnold 85
Kuratli Hans 91
Kutzli Elisabeth u. Rudolf 91
Kutzli R. 71

Labhart Christian 86
Lambercy Elisabeth 67
Langen Gerda 14, 15
Langen Hilde 14
Langner Angelika 70
Lauer Hans Erhard 14, 15, 16, 34, 35
Le Guerrannic Maurice 93
Leber Stefan 43
Leist Manfred 91
Leist Max 20
Leopold E. 78
Leu Hans Felix 62
Leuthold Hans 53
Leuzinger Christian 51
Levi Roger 70
Linder Fritz 76
Linder Marianne 76
Lindiridi Joseph 47
Lindiridi Marianna 47
Lobeck Marguerite 18, 19, 88, 89
Lohr Paul 18
Lory H. 55
Lüscher Heinz 46
Lütge Eleonore 18, 19
Lutz J. 89

Maeder Rosa 51
Maier Georg 34
Marthe H. 93
Marti Thomas 38
Mehrtens-Moerman Bettina 35, 38
Meyer Ernst 51
Meystre Jean-Luc 81
Meystre Sibylla 81
Moddel Peter 93
Molt Edith 79
Molt Emil 11

Molt Walter 79
Moore-Haas Elisabeth 37
Moser U. 83
Mosimann A. 55
Mousson Dr. 18
Muff Roland 38
Mugglin Christoph 31, 73
Mühlemann Bruno 51, 52
Müller-Wieland M. 89
Münger Fräulein 21

Nendorf Miny 71
Neuenschwander E. 55
Neukom Germaine 85
Neukom Karl 85
Nicolet Isabelle 93
Niederhäuser Hans Rudolf 18, 33, 35, 89
Niederöst A. 83
Nilo-Schulthess Regula 43
Noakes Schirley 43
Nyffeler Frl. 21

Obschlager 93
Oetiker Frau 71
Osswald Florian 31, 43
Ott Erich 64
Ott Fredy 59
Ott G.U. 62
Ott Gustav 64
Overhage Willi 16

Parak Esther 70
Parak Georg 70
Paroz Roland 70
Passaglia Inge 79
Pelikan Herr und Frau 46
Pestalozzi Heinrich 17
Pewtherer James 43
Pfister Robert 20, 36, 51
Piacenza Maurizio 78, 80
Piffaretti Ursula 71, 79
Poppelbaum Hermann 33, 34

Querido René 67

Rahmen A. 54
Ramser Emma 13, 14
Ramseyer Verena 78
Rätz Marie 16
Reck Lilly 55
Rediger Dr. 59
Reichert Arno 67
Reinhardt Familie 72
Respond Jan 76
Reymond Charles 81
Richard Charlotte 36
Riche Tobias 43
Rikoff Vala 67
Ringel Rosa 15, 16
Rist Rosmarie 36, 86, 91
Rizzi Carlo 79

Die Rudolf Steiner Schulen in der Schweiz – Eine Dokumentation

Namensregister

Robbiani Angelo u. Fabio 78
Rodi Heidi u. Martin 81
Römelin Christian 38
Roth Hartwig 39
Rubin Heinz 51
Ruchti Arthur 20, 21
Rudaz O. 55
Ruf Bernd 43
Rydli Annemarie 56

Salgo R.C. 70, 86
Salzmann Werner 21, 48
Savoldelli Reto 76
Schaefer Paul 46
Schaetti Anne Catherine 54, 70
Schaffner Martin 58
Schaub Felix 4, 30, 35, 68, 71
Schaub Irmgard 47
Schaub Philia 35
Schenk Max 18, 88
Scherer Gregor 92
Schierscher Richard 66
Schiller Hardwig 43
Schiller Paul Eugen 34
Schläpfer R. 59
Schlatter F. u. R. 54
Schmid Hedy 21
Schmid Maya 70
Schmidt Robin 4
Schmidt-Brabant Manfred 34
Schmutz Hanspeter 36
Schneider Marcus 35
Schöb Kathrin 72
Schölly Hermann 71
Schriefer Jürgen 34
Schulthess Peter 87
Schumacher Christa 56
Schüpbach Martin 59
Schweizer Anne 56
Schweizer Markus 18
Seiler Michel u. Holle 56
Seiler Robert 56
Seiler-Hogova Ueli 56
Seiler-Schwab Ruth 56
Sigg. Dr. 59
Simonin Josiane 93
Smit Jörgen 30
Spalinger Michaela 67
Spalinger Werner 4, 18, 27, 30
Spalinger-Ravey Ruth 16

Spiche Assia 79
Spörri Marcel 47
Spotti G. u. A. 54
Staedtke Gertrud 16
Stahlberger Karl 71
Stalder H. 83
Steffen Albert 11
Steinbach D. 54
Steiner Rudolf 2, 11, 12, 13, 14, 17, 23, 40
Stocker Kathrin 47
Stöckli Gérard 32, 73
Stöckli Thomas 35, 38, 75
Stokar Willi 13
Stoltz Katharina 53
Storrer Willy 13
Streit Jakob 30, 36
Stroppel Karl 32
Studer Andres 38
Stuker Rosmarie 78
Suchantke Andreas 29
Suter Hans 35

Taddei Claudia 79
Tanner Verena 56
Tarelli Katharina 56
Taskinen Mikko 43
Taylor Erika 43
Theurillat Elisabeth 4, 35
Thomas Robert 30, 31, 38, 43, 67, 71, 145
Thommen Elisabeth 59
Thommen Luca 78
Thommen M. 46
Traber Béatrice 67
Trauffer R. u. D. 55
Tschabold Frau 50
Tschakalov Adelheid 16, 21
Tschanz Verena 53
Tschumi Architekt 67

Ulrich P. 64
Utzinger G. u. H. 55

Vallendor Ursula 43
Vaudaux Annette 76
Voellmy Jürg 31, 37, 67
von Kügelgen Helmut 37
von Wartburg Helmuth 18
von Wartburg W. 46

von Wartburg-Zbinden Olga 18
Vreede Elisabeth 17

Waeger Johannes 18, 19, 33, 88
Waeger-Gossweiler Dorothea 18
Wagner-Koch Elisabeth 34
Wälti Frau 21
Wandeler Hugo 92
Wehrli Architekt 89
Weideli Emma 18, 19
Weidmann Peter 53
Weinhold Prof. Dr. 71
Weinstock Claude 58
Wepfer R. 75
Wepfer Ruedi 75
Weulersse M. 65
Wickli Johannes 73
Widmer Friedrich 13, 14, 16
Widmer Maria 16
Widmer Marie 13
Widmer Max 35, 36, 81
Widmer S. 89
Wiechert Christof 8, 30, 31, 43
Wiedenbeck Gerhard 47, 83
Wiederkehr 93
Wirth Peter 86
Wirz Daniel 36, 70, 83
Wirz Margrit 71
Withöft Helga 21
Witschi B. u. R. 54
Witzemann Berta 16
Witzemann Thomas 35, 68
Witzemann Werner 16
Wolf Thomas 58
Wuhrmann Heidi 56
Wyss Arnold 20
Wyss Arthur 36, 72
Wyssling Rosa 18
Wyssling Walter 17, 18

Zaugg Kathrin 55
Zbinden Hans-Werner 17, 33, 89
Zbinden Nicolas 36, 86
Zeindler Herr und Frau 85
Zimmermann Heinz 29, 30, 35, 70, 145
Zuccoli Elena 34
Züllig Stefan 73
Zumbühl Max 20, 21, 91
Zürcher D. 55
Zysset Elsbeth 31